La Raccolta

In questa raccolta di debutto, *La volpe rossa corre:* Poesie 2011–2016 porta il lettore attraverso gli alti e bassi dei primi cinque anni di un "Millennial" che vive a New York. Le poesie esplorano i temi della propria identità, del fallimento e della reinvenzione. Altri riflettono sui temi dell'emergente età adulta, come la fine della gioventù e il trovare uno scopo.

La volpe rossa simboleggia le aspirazioni e riguarda tutti coloro che sono desiderosi di raggiungere la grandezza nella loro vita.

La cultura non può prosperare senza interruzioni.

LA VOLPE ROSSA CORRE / Joseph Adam Lee

Poesie: 2011-2016

Red Fox Runs Press
New York, New York

RED FOX RUNS PRESS
909 3RD AVENUE
#127
NEW YORK, NEW YORK 10150
Stati Uniti d'America

Un marchio di The Rebel Within

Prima edizione: 2026

Nota Dell 'Editore

Quest'opera è di fantasia. Nomi, personaggi, luoghi e avvenimenti sono frutto dell'immaginazione dell'autore o utilizzati in modo fittizio. Qualsiasi somiglianza con persone reali, vive o defunte, luoghi, eventi o aziende esistenti è puramente casuale.

L'editore non esercita alcun controllo sui siti web dell'autore o di terze parti e non si assume alcuna responsabilità per i loro contenuti.

Ringraziamenti

Editor dei contenuti: Sam Hughes
Progetto grafico e impaginazione: Eleni Rouketa
Tradotto da: Daniela Raffa

Informazioni Di Contatto

E-mail: joe@therebelwithin.com
Siti web: www.josephadamlee.com
Instagram: @joseph.adam.lee

Dati Di Catalogazione Della Library Of Congress (CIP)

Lee, Joseph Adam. 1986–
La volpe rossa corre: Poesie 2011–2016 / Joseph Adam Lee.

LCCN: 2025922242

ISBN: 978-1-946673-26-8 (Brossura)
ISBN: 978-1-946673-40-4 (Copertina rigida)
ISBN: 978-1-946673-27-5 (E-book)
ISBN: 978-1-946673-41-1 (Audiolibro)

A *Evariste Bisson*

Sommario

La Volpe Rossa Corre

La reinvenzione è una scelta.
Non lasciare che ti passi accanto.

Quando si arresta la corsa
(Urgenza di gioventù)

Non lo saprai fino a quando ti colpirà.
Il tuo senso di invincibilità svanirà.
Un vago senso di incertezza ti percuoterà.

Molto probabilmente accadrà dopo un lungo tardo pomeriggio.
Odierai tutto di quella mattina:
l'ambiente
la gente
le cose...
Forse odierai anche te stesso.
Prendilo come un regalo,
un risveglio.
Ti trascinerai tutto il giorno
guardando video su YouTube
e mangiando pasta al formaggio.
Ma, anche con i postumi della sbornia, rifletti.

La felicità è vicina.
Il cielo apparirà diverso domani.
Le strade vibreranno.
I colori diventeranno di nuovo vivaci.

Tutto può cambiare.

Questa bontà sembrerà estranea.
Può spaventare.
Ma in quel momento hai
la possibilità di fare una scelta.

Lo puoi ignorare: forse non sei pronto.
Ma, se vuoi cambiare,
quando senti l'aria sussurrare verità nel tuo orecchio,
allora saprai che è ora di cambiare.
Cambiare è normale.

Allora fallo.

Semplicemente fallo, cazzo!
Altrimenti, stai perdendo tempo.

Le distrazioni sono facili.
E puoi seguire le loro tracce per tutto il tempo che vuoi.
Corri a piedi nudi, se vuoi.
Pesta i piedi a fondo nella ghiaia.
Diamine, diventa parte del terreno.
Sei solo tu che puoi fermarti.

Quindi, smettila di correre.
Stop!
Quando ne hai ancora la possibilità.

Viaggio

Il tuo viaggio è una vita passata
cercando, chiedendo e raggiungendo la realizzazione.
L'obiettivo è sempre soggettivo.
Arriverai dove dovresti.
L'istinto ti aiuterà a spingere i tuoi confini,
e diventerai
buono
migliore
più grande
del te stesso precedente.

Personalmente, sono attratto dalla
infinita strada di possibilità.
Sono desideroso di intraprendere avventure.
Non credo nel mettere radici.
La stabilità mi ostacola.

Il compiacimento non lascia spazio per la scoperta.

Il mio fuoco, brucia, cocente nelle vene
e le arterie creano brividi inaspettati
appena il sangue passa attraverso miei organi.
L'ispirazione non è prevista,
ma scaturisce in noi spontaneamente
venendo per un incontro fortuito,
un pensiero
una foto
un suono
un sentimento.

Cerca dentro di te, trova qualcosa,
e intraprendi il viaggio inaspettato.

Panchina del parco

Poco prima del lavoro, passo davanti una panchina.
È verde, di solito vuota, e
molte persone, come me, le danno poca attenzione.

Mi chiedo se la panchina si sente ignorata.
Mi chiedo se una panchina può sentirsi sola.

Sembra che è in un buon posto,
situato sul lato sud-est di Central Park.
Forse le persone si siedono e condivide la loro vita su di lei.
Potrebbero discutere i titoli recenti
del Times o del Wall Street Journal.
Possono raccontare storie che
non hanno pensato da un po'.
Forse una amore in erba si è formato,
o un uomo ha
spezzato il cuore della sua amante lì.

Forse, qualcuno è stato lasciato dopo
aver visitato la panchina.

Una volta, nel mezzo della notte,
ho visto un uomo steso sulla panchina.
Alla panchina non importa niente di tutto ciò.
Lei ha il suo scopo
come una tavola armonica
come un amico inaspettato
come un luogo per ricominciare
come... una casa.

Non so se avrò mai un momento libero
per sedermi sulla panchina del parco.
Penso che potrei trasferirmi da questa città presto.

Ma io so dov'è la panchina; lei resterà...
sempre,
stabile e senza sdegno,
vuota di emozioni, ma piena di responsabilità;
ogni momento da sola, ma sicuramente in compagnia.

Puoi diventarne pure invidioso.
Dovrei davvero prendere una tazza di caffè e
rivedere un buon amico,
forse condividere alcune riflessioni, seduti
sulla panchina del parco.

Se offri a qualcuno un pezzo
di pane tostato stantio,
non lo mangerà,
ma se ci schiaffi po' di
burro di arachidi
probabilmente lo mangerà.

Sproloquio dello scrittore

Qualche volta odio scrivere.
È un peso.
Mi ricorda che la mia mente si muove troppo velocemente
e non riesco a raggiungerla.

Il tempo non permette di catturare tutto

Ma io provo.
Mi ha consumato.
Sono dipendente dalla memoria.
Non voglio mai lasciarmi scappare niente.
Anche se non è nulla.
Anche se non ha bisogno di essere ricordato.
Voglio tenerlo.
Chi lo sa?
Forse mi aiuterà in seguito.
Forse mi aiuterà a capire quello che
voglio dire
dovrei dire
potrei dire.

Ma io provo.
Io cerco di catturarla.
Perché se non lo faccio, non c'è più.
Così tante persone lo prendono per scontato.
Io no.
Faccio tutto quello che mi è possibile.
Ogni nota scarabocchiata è preziosa.
Ogni frase trattenuta.
Ogni parola.
Tutto.

Ma io ci provo.
Cerco di ricordare.

Notti fredde dirigono spettacoli silenziosi

Si gelava in fila.
Beh, non si gelava
ma c'era abbastanza freddo, sai?
Scomodo,
ma non un freddo che fa male.

In ogni caso, c'era freddo.

Non volevo essere lì.
Davvero, ma era sabato
e non avevo niente di meglio da fare.
Beh, in realtà, avevo molto da fare,
ma volevo uscire con Brad e Jasper.
Anche Stacy era lì.
Stava fumando. Ho condiviso un tiro.
Volevo impressionarla
e tutti lo sapevano,
anche Stacy.

JP si presentò. È il promotore del club.
JP era grasso, e per qualche motivo
questa cosa mi infastidiva veramente.
Aveva lavorato al Suite 36 per 4 anni.
4 anni promuovendo un club di persone noiose.
JP era noioso, ma tutti volevano essere suoi amici.
Diamine, persino io ho cercato di essere suo amico:
Volevo già entrare!
Ho già detto che c'era freddo fuori?
Beh, non tanto freddo.

Mi sentivo annoiato,
Inoltre, anche un po' stupido,
stando in piedi lì e in attesa di entrare in un club
che puzzava di inadeguatezza.
Avevamo bevuto per oltre 4 ore.
Ero a buon punto. Non volevo bere più.
Mi sentivo come se avessi dovuto combattere contro la bottiglia
ultimamente,
e Brad e Jasper erano nella stessa barca.
Stacy, non ne ero sicuro.

Sembrava sobria.
Avevo passato del tempo da solo con lei un paio di volte,
forse 4 al massimo.
Pensavo che era raggiante come sempre.
Non gliel'ho detto, ma Jasper e Brad
sapevano
che pensavo a lei in quel modo.
In qualche modo speravo che non lo sapessero.
Abbiamo raggiunto la parte anteriore della fila,

e due grandi uomini di colore erano in piedi di fronte a noi.
Costava 35 dollari entrare nel club.
Questa era proprio una stronzata!
Ci eravamo già sparati 50 dollari ciascuno, quella notte.
Chiesi al mio nuovo amico, JP, di farci entrare gratis.
Abbassò la quota di ingresso a 20 dollari.
Fanculo JP!
È un idiota.
Ero geloso di lui.
Aveva tre ragazze su di lui che lo baciavano.
Avrei voluto che Stacy fosse su di me.
Avrei voluto che qualsiasi ragazza fosse su di me.

JP sorrise come una foca quando ce ne siamo andati.
In nessun modo avremmo pagato 20 dollari.
In nessun modo volevamo entrare nel club.
Forse se non avessimo incontrato JP avremmo pagato.
Ma d'altra parte sono contento che non l'abbiamo fatto
perché allora ci saremmo sentiti derubati.
Volevo solo tornare indietro
e parlare con Jasper e Brad.
Volevo che pure Stacy venisse.
Non era grande come noi, ma la sua mente lo era.
Questo è quello che mi piaceva di lei,
ma non avrei mai potuto dirglielo.

Volevo parlare con chiunque.
Beh, tranne con JP
perché, come ho detto, è un idiota.
Di cosa volevo di parlare?
Di cose
di cose che contavano.

Non sono sicuro di cosa fossero
o sarebbero state,
ma sapevo che le avremmo trovate.
O che qualcosa ci avrebbe trovato.

Non abbiamo parlato.
Siamo andati in taxi, siamo andati in un altro bar,
ci siamo sparati altri 50 dollari,

abbiamo perso conoscenza e ci siamo svegliati la mattina
successiva.
Io ero deluso.
Saremmo dovuti restare a casa.

Così, dopo che la mia testa ha smesso di martellare
e dopo aver mandato un sms di scuse al barista
per essere stato troppo ubriaco e scortese,
e dopo che Jasper è uscito per andare in palestra,
Mi sono seduto con Brad.
Abbiamo fatto esattamente quello che volevo fare la sera prima:
abbiamo parlato,
abbiamo solo parlato.
E dopo che abbiamo finito,
volevo parlare di più,
ma non lo abbiamo fatto,
non abbiamo parlato più.

Il compromesso dell'artista

Una cuccia di invidia
basata sull'imminente constatazione
che il successo non arriverà,
anche quando lo desideri tanto.
Eppure, la sensibilità è qualcosa con la quale l'artista deve
scendere a compromessi.

Come si potrebbe prosperare senza intenzioni folli?

Quindi, siate deliberatamente vulnerabili, e create.

Una mente è sprecata, a meno che non stia creando.

L'uomo e la linea gialla della metro

Dopo un altro lungo periodo di bevute
e cercando di tirare su qualche gonna,
a volte riuscendoci
a volte fallendo
Arrivo alla fermata N, Q o R della metropolitana
o semplicemente, alla linea gialla.

Ho dovuto prendere un taxi,
ma ho speso troppo per gli alcolici.
Da bere per me
per i miei amici
per i "nuovi" amici
per tutti coloro che, in realtà, erano subito pronti a bere con me.
Cosa peggiore,
non sapevo quanto avessi speso.
Le ricevute, evvai, stampate su carta sottile,
mi avrebbero ricordato al mattino
dei gin e tonici
dell'IPA
dei Cabernet.
Dovrei raccoglierli e
chiedere ai baristi di autografarli come le figurine dei calciatori,
o farli baciare dalle ragazze.
Avrebbero lasciato deliziosi segni di rossetto rosa.
Forse un'altra notte.

Il ronzante epicentro della città è vacante.
Times Square spreca sulla sua illuminazione
mentre cammino verso la piattaforma della metropolitana.
I barboni socializzano in serena armonia.
Loro mi fissano.
Gli ricordo loro stessi
quando avevano la mia età?

Che labirinto, questo mondo sotterraneo.
In quel momento lo vedo,
l'uomo mosaico sulla parete della stazione della metropolitana
con ancora indosso il suo cappotto marrone.

Il suo cappello a mezzo cilindro copre la faccia piastrellata,
come sempre.
La sua sciarpa di marca arancione lo tiene al caldo.
Gli chiedo l'ora.
È un gioco che facciamo
tra le 3 e le 5 di mattina.
Lui non risponde mai.
Rido alla sua faccia immobile.
Rido con nessuno.
Lascio l'uomo perpetuamente concentrato sul suo orologio.
Ho notato un nuovo annuncio di un film accanto a lui.
Do uno schiaffo sulla sua spalla piatta.
Devo solo ricordare tre cose una volta che lo trovo:
Sinistra, destra, destra.
La seconda a destra viene dopo l'edicola.
Vorrei avere un paio di dollari.
Vorrei comprare delle patatine o delle noci,
qualcosa per occupare la mia mente priva di sonno.

Aspetto la navetta spaziale sotterranea.
Una volta che arriva, io entro nella metro e mi siedo.
Vedo scintille di energia elettrica a propulsione
appena la metropolitana attraversa il Queensboro Bridge
e
salta sopra l'East River.
Penso,
un'altra notte,
e non vedo l'ora di tornare a casa.

Deambulatore per dita

Se le mie dita potessero parlare, urlerebbero.
Si aprirebbero a metà e sanguinerebbero
con la rabbia nota a molti uomini.
Alla ricerca di nient'altro che la possibilità,
No
L'opportunità di essere ascoltate.
Credo che sia per questo che scrivo.
Nel mezzo di un venerdì notte
con una birra alla mia destra,
ho il coraggio di scrivere.
E la parte migliore è che è gratis:
non ci sono restrizioni, protocolli
o viali limitati.
Sono in grado di controllare, costruire e navigare per le strade.
E, hey!
Se non ti piace,
esci fuori dalla mia cazzo di strada!

Il viale dei sogni spezzati è un mito.

È pieno di coloro che si sono tagliati le dita e hanno sanguinato,
ma troppo velocemente per coprirli con delle bende.
Lo sfarzo ed il glam arrivano in un secondo momento.
E non sono l'obiettivo.
Fidati di me.
La solidarietà è sufficiente da riempirti
per tutta la vita se lo consenti.
Si confonde con ciò che è di diritto,
e queste aspettative portano alla lunga sulla strada della miseria.
Le camminerò affianco, ma non lascerò che mi superi.
Preferirei viaggiare, quindi continuare a seguire questa strada.

Il giorno di malattia a Rockaway

Ti ho tenuto.
Eri così fragile e non osavo muovermi.
No, non c'era modo.

Eri come la sabbia.
Ho temuto, allentando la presa.
Strinsi e ti tenni più vicino,
lottando contro la brezza del mare.

Se avessi indebolito il mio abbraccio,
ti avrei persa.
Saresti filtrata attraverso le mie braccia,
rompendoti e crepando in mille pezzi,
mescolata con l'immenso piano marrone caramello,
in attesa del tuo destino fatale
come un mercenario decrepito.

L'oceano ti chiamava.

La marea si avvicinava,
invitandoti a fuggire.
Facilmente avrebbe potuto scorrerti addosso.
Andata
andata poi, in una miscela salata.
La più difficile sostituzione.
Ma ho tenuto stretto, ho tenuto così stretto.

Non ero pronto a lasciare andare il nostro amore.

Una bestia ferita grida all'interno.

Continueremo a correre fino a che voi continuerete a camminar
(Bufere di New York)

Non mi importava del terreno fangoso:
Sono cresciuto con inverni bianchi come questo nel Maine.
Stranamente, mi mancavano quelle mattine.
Quel giorno, lo confesso, avrei fatto volentieri a meno del vento...

"Sospesi." Hanno detto.
"I treni non lavoreranno."
"Tutti dovrebbero prendere un giorno libero."
Non ho avuto il giorno libero.
No, i bastardi dovevano spremerci
fuori ogni centesimo.

Erano le 8:10.
Sapevo che mi ci sarebbe voluta un'ora a piedi.
Non vedevo gente per strada,
ma solo marziani gialli e verdi
con occhi riflettenti,
e senza mani... nessuno aveva le mani.

Il Queensboro Bridge era in festa.
Non ero l'unico che doveva andare a lavorare.
"Ehi! Perché quel treno cammina?" Indicò un marziano.
"Ferma! Lasciaci salire, amico!", ha detto un altro marziano.
Non si fermò.
Continuò a correre.
Si mise a ridere di noi.
Il conduttore guardò fuori e disse: "Sospeso".

Il treno ci sputò addosso neve marrone.
Gli schizzi sembravano rocce,
ma non ci siamo fatti male per la neve sporca.
Mi ha ricordato di quando
avrei voluto lanciare palle di neve a mia sorella
prima di accompagnarla in macchina a scuola.

Me la sono fatta sul lato di Manhattan
e dovevo camminare per cinque viali prima di arrivare a lavoro.

Mentre mi avvicinavo, vedevo gente spuntare
dall'uscita della metropolitana Lexington e la 59°.
Dissi, "Ehi, i treni camminano adesso?"
Qualche ragazza mi guardò come se fossi pazzo.

Non lo ero; volevo solo sapere.
Disse: "Sì, hanno iniziato alle 9."

Ho guardato il mio orologio.
Erano le 9:15.
Cazzo, ho pensato.
Sono in ritardo.

Essere barbone e ribollire

L'uomo era così sconvolto.
Forse era una recita,
come quella che gli altri mendicanti avevano imparato.

C'è questa ragazza, Shirley, che
blatera sempre dicendo di aver bisogno di denaro per i suoi figli.
Mi chiedo dove sono quei ragazzi.
Com'è in grado di camminare
per i treni tutto il giorno senza di loro?
Come può permettersi una babysitter?

Lo so, lo so.
Si tratta di una recita.
Un lavoro di recitazione quotidiana.
Senza casa
e bisognosa.

Gli artisti della truffa sono i migliori nell'abuso di empatia.

Tutti hanno un angolo,
non molto diverso da quello di uno alla scrivania
evitando responsabilità e in attesa dell'elemosina.
In realtà, i barboni sono piuttosto attivi
se ci pensate.
Stanno facendo qualcosa,
invece di guardare un orologio
in attesa del deposito diretto bisettimanale.
I miei amici mi dicono che sono un pazzo
a sprecare i miei soldi con loro.
"Stai sostenendo la truffa, amico."
Forse lo sono.
Può essere?
Credo di essere tollerante.
Voglio credere
che vi è forse della purezza,
sai?
È forse assurdo pensare che questo ragazzo,
questo umiliato,

ridotto sul lastrico,
vulnerabile,
coraggioso ragazzo abbia bisogno di una cazzo di pausa?

Tutti abbiamo bisogno di una pausa una volta ogni tanto.

Noi non ce ne rendiamo nemmeno conto,
ma alcuni di noi vivono tutta la vita basandosi sulle pause.
Questo ragazzo chiede un dollaro.
Gliene darò cinque.
Mi guarda.
Non posso dire se è parte del trucco o no.
Non mi interessa.
Spero solo di averlo aiutato.

Forse era la pausa di cui aveva bisogno
per tornare sui suoi piedi
per capire di avere un po' di valore
per capire che le pause arrivano
per dargli un attimo
per permettergli di fare un fottuto sorriso.

In ogni caso, non voglio i soldi.
Solo la mia anima marcirà alla fine.
In qualche modo,
sto dando a me stesso una pausa.
Quindi, in un certo senso, il barbone e io siamo nella stessa
situazione.
Se solo ci fossero più barboni.
Dovrei andare in giro con più
biglietti da cinque dollari in tasca.

Un pagliaccio silenzioso in una camera piena di risate

(Collegato a Incontrare Milieu)

Ricomincia.
Una stanza piena di idioti blateranti.
Ognuno cercando di dimostrare che è intelligente.
Dicono cose che hanno detto un centinaio di volte prima.
Grugniscono e trafiggono i loro occhi
facendo le domande più sgradevoli.
Mettono le dita sotto il mento.

Sì, io faccio la stessa cosa,
mi comporto proprio come loro.
Ci stiamo provando tutti così tanto,
ma non sappiamo maledettamente niente.
È tutto rumori e fischi,
proprio come tutto quello che sta accadendo ultimamente.

"Chi è questo pagliaccio che cerca di dirmi come pensare?"
"Questo pagliaccio sembra abbastanza giovane."
"Ah, non sa nulla, è solo un fottuto ragazzino."
"Lui non sa un bel niente."
"Non sono d'accordo, penso che tu abbia finito qui."

"Stiamo facendo imbarazzare questo pagliaccio."

Sta bene, lui in realtà ha ragione, ma a loro non importa.
Ci stanno dentro,
insieme e volutamente, con una mentalità chiusa.

Il pagliaccio cerca di convincere le menti ostinate.
Sono ostinati.
Si difendono con la paura,
ma questo non lo diranno mai.
Si indeboliranno, ma non tanto quanto dovrebbero.

"Sembrava intelligente, ma ha una lunga strada da percorrere."

Non so perché lo fanno.

Non so perché qualcuno lo fa.
Qual è il punto.

Credo per il proprio orgoglio.

Tutti abbiamo bisogno di sentirci importanti.
Tutti abbiamo bisogno di sentirci testimoni.
Mi escludo,
non dico una maledetta parola,
e questo è il solo modo in cui a loro piace.

Quando il pagliaccio se ne andrà,
il quale è il più intelligente di tutti noi,
si comporteranno come se non ne avevano bisogno.
Ognuno reciterà.
Proprio come tutti:
un mondo pieno di attori,
ridendo delle persone che non recitano.

Mi vergogno di essere un attore.
Mi vergogno di aver riso.
Mi vergogno che i pagliacci non ridano.
Se scoltiamo i pagliacci, forse potremmo progredire,
forse non avremmo dovuto recitare,
ma questo non accadrà,
No, non accadrà.

Non lasceremo che il pagliaccio si prenda il meglio di noi,
ma io tifo per il pagliaccio.
Spero che il pagliaccio li faccia smettere di ridere.
Spero che il pagliaccio li rinchiuda tutti all'inferno.
Spero che il pagliaccio li faccia smettere di grugnire, e che
i loro occhi si allarghino.
Spero che il pagliaccio li fermi
dal sedersi sulle loro stupide dita.
Spero che il pagliaccio vinca.
Spero che il pagliaccio abbia l'ultima risata.

Ho mai sbagliato?
Beh, penso che la domanda giusta sia:
Ho mai avuto ragione?
La mia risposta... sarebbe, 'raramente'.

Senza

    la crescita

        non c'è

            niente.

Lo scoglio attende il nostro salto

C'è uno scoglio,
sai?
Voglio fare un salto.
Forse volerò o forse no,
forse mi tufferò nel profondo degli abissi.
So che sarebbe più facile tornare indietro.
Sì, sarebbe più facile ritornare
a tutto ciò che è routine e naturale,

Dove sono al sicuro.

Non posso!
Se lo facessi, starei camminando all'indietro
nelle mie ombre.
Quando voli, la tua ombra è sotto di te.
È solo quando ti schianti che la tua ombra si riunisce.

Il tempo mi ricorda ciò che non ho compiuto,

cosa voglio fare,
dove voglio essere.
È una pulce nell'orecchio ed è irritante.
Mi gratto per placarla,
ma non riesco a liberarmene.
Ne ho bisogno tanto quanto la disprezzo.
È lì,
e
mi ricorda
mi spinge
alimenta la mia motivazione.

La cosa divertente è che se lo facessi,
non sono sicuro di cosa farei.
Mi chiedo cosa succeda dopo che l'hai fatto?
Non conosco nessuno che l'abbia fatto.
Le persone si mettono in piedi sullo scoglio della grandezza,
questo è tutto quello che so, per ora.
Nessuno di noi dovrebbe osare guardare indietro.

Orario di partenza: 10:26
Ora di arrivo: Sconosciuto

Il motore procedeva con la disinvoltura delle fusa, rimbalzando
dalla striscia bianca sulla destra alla sua rispettiva linea gialla-
doppia-no
-aspetta-tratteggiata-no-aspetta-compatta-di nuovo sulla sinistra.
Le strisce formano l'unica guida per il veicolo mentre si muoveva
attraverso la pellicola trasparente dell'aria.
Le immagini erano istantanee, lasciando che il conducente ricordi
i momenti rapidamente, ma la bobina non ha una fine.
Ha mantenuto traccia degli scorci:
gli ricordavano da dove venisse.
Erano un suggerimento per dove sarebbe andato dopo,
ma non c'era mai una garanzia.
Avrebbe voluto vedere ogni momento,
ma le luci del camion erano più forti vicino alla loro base
e più deboli di lato.
Questo gli ha fatto sfuggire alcune cose.
Voleva sperimentare più.
Questo desiderio insaziabile lo fece arrabbiare.

Si stava assestando?

L'ambivalenza del viaggio
era la realtà della vita del conducente.
Egli controllava i movimenti del veicolo attraverso il suo punto di
vista,
ma periodicamente si portava fuori dalle linee, perdeva pista,
programmava la sua deviazione solo per essere fermato
in un posto di blocco.
Gli occhi degli altri lo guardavano,
accecandolo sporadicamente.
Il rosso, il giallo, il verde si intrecciano
non aveva alcun controllo su di essi.
A volte era completamente rosso,
si chiedeva quale sarebbe stato il successivo,
poi di nuovo verde,
l'acceleratore premuto.
Le sfere arancioni nel cielo
erano collegate, formando bassi sorrisi.
Sagome di braccia della foresta
e dita puntate verso l'alto.

La foschia avrebbe dovuto distoglierlo dal suo obiettivo;
l'imprevisto, l'insicurezza sconosciuta, avrebbe dovuto incitarlo,
ma non lo fece.
I rami ispiravano il conducente.
Pensò di
seguire le linee
rimanere in mezzo
rimanere in mezzo
fermarsi sulla strada
seguire la direzione.

Il bivio si avvicinava.
Non riusciva a vederlo,
ma sapeva che sarebbe stato lì.
C'era già stato lì prima,
e, talvolta, la nebbia aveva interrotto la sua decisione.

A volte desiderava
di poter girare e andare nella direzione opposta.

Questa volta, al bivio, le linee puntavano sulla sinistra.
Era la strada giusta.
Ci sarebbero stati ostacoli, limiti... e... era al sicuro.

L'autista svoltò a destra.

Le luci, le linee, le istruzioni erano sparite,
ma alla fine
tornò a casa.

Non mi interessa della vanità
fino a che la gente dice che sono carino.

La cassa

Sto giocando con una lattina di tonno:
è l'unica cosa che posso permettermi.
Non compro più nemmeno la maionese.
Perché lo faccio?
Beh, preferirei comprare un'altra lattina di tonno.

La pila è alta e la sto tenendo in equilibrio
contro il mio petto.
Ho usato anche il mio mento come morsa.

Questa città non mi può spezzare.

So che ce la farò,
So che questo è solo temporaneo.
Non lascerò che nulla mi butti giù.

La cassa è dietro l'angolo
ed è libera, aspetta...
Accidenti.
"Vai avanti." Dico alla vecchia signora.
Il carrello blu si abbina ai nastri blu nei suoi capelli.
Lettiera per gatti, latte,
e una pagnotta di pane bianco.

Penso, "Dai, devo andare avanti."
"Sì, il latte è 2.39 dollari."
"No, non c'è lo sconto sulla lettiera per gatti."
"Ha il resto esatto? Sono penny quelli?"
"Non ha abbastanza soldi per il pane?
Non puoi fare sul serio!"

Ho messo giù le lattine
e il nastro le tira più vicine al commesso.
Guardo il pane.
Entrambi guardiamo il pane.

Sguardi vuoti non risolvono nulla.

Il cassiere lo prende
e si prepara a passarlo al magazziniere.
La fermo.

Guardo negli occhi verdi della vecchia signora,
le sue palpebre strette per la soddisfazione.

Raccolgo una delle lattine e
la consegno al cassiere.
"Scambio?"
Le passo due dollari.
Il pane è posto in un sacchetto di carta
in cima alla lettiera.
La vecchia signora mi abbraccia.
Lei esce.

Mi guardo indietro alla piccola pila di lattine.
La cassa.

Lei non sa

Il rossetto rosso
una borsa Longchamp
una giacca Barbour blu scuro
una bottiglia di vino incartata (molto probabilmente Pinot
Grigio)
una scatola di cioccolatini Godiva
e la paura.

Si chiede, "Va abbastanza bene?"

Le si adatta la parte?
Cammina al suo posto, con uno sguardo confuso.
Si domanda circa le sue decisioni.
Ha fatto quella giusta?

Sarebbe andata bene anche senza etichette.
Sarebbe stata perfetta senza nulla.
La sua maschera rende difficile dirlo,
ma
lei non lo sa.

L'ha indossata per troppo tempo.

La creazione e il creatore

Il creatore deve essere solo.
Egli deve sedersi all'ombra
a lavorare al suo mestiere,
un mestiere che solo lui è stato creato per fare.

Il lavoro, le distrazioni, le donne e gli uomini
potrebbero non capire il creatore.
Loro non possono,
lui si è dedicato alla sua creazione.

Attento.

Non dimenticarti il tuo mestiere.
Tienitelo stretto,
non lasciare che i non-creatori te lo rubino
non lasciare che lo abusino
non lasciare che lo cambino.

Non lasciare che rovinino tutto.

Questa sarebbe la cosa peggiore.
Per favore, ti prego!
Prima di qualsiasi cosa,
non lasciare che lo rovinino.

La creazione è l'unica voce che il creatore ha.
Lui parla solo quando è pronta.
Il creatore è paziente con se stesso.
Il creatore è paziente con i non-creatori.

È silenzioso ora.
Silenzioso
Silenzioso
Silenzioso
Sempre silenzioso.
È il momento di essere ascoltato?

Zitto, tu!
È tempo di parlare?

Zitto, tu!
Il creatore ha bisogno che stia in silenzio.

Il creatore deve stare attento.
Il creatore deve credere nella sua creazione.
La sua creazione non è un oggetto in vendita.
La sua creazione è destinata a ispirare.
È destinato a collegare i non-creatori.

La creazione ha un'intenzione.

Il rumore inizia,
il volume supera la capacità del suono.
Le scintille stanno gridando.
La creazione è pronta.
Il creatore deve essere solo.

Dì qualcosa di importante.

Poesia d'amore per Linda

Il mio cuore batte un secondo colpo.
La tua conoscenza è dolorosa.
Come posso sconfiggere questa sensazione,
una forte attrazione emotiva che non può avere successo?

L'amore è un caso
un impulso
una forza che non può essere spiegata.
Per te, significa tutto
e tu sei
il mio sacrificio
la mia emozione
la mia forza.

Sei una fuga eterna dall'ordinario.

Il vero amore è qualcosa di non definito;
Si tratta di una sensazione di euforia.
Quando un cuore svolazza e un'anima vola:
il senso di quello che sarà e quello che diventerà,
il momento di pace essenziale,
dove tutta la sostanza diventa banale.

Svegliarsi, e una mente che corre

Sembra essere sempre accompagnato da una luce
che dovrebbe essere spenta.
Un orologio
che legge le 3, 4 o 5 del mattino.
Occhi
che sono chiusi, incrostati dal muco giallo-verde.
Le mie lenti a contatto sanno come rubare umidità.

Cerco di convincermi che sto sognando
o che ho bisogno di stendermi di nuovo.
Ma so che i miei occhi mi perdoneranno
se tolgo le lenti a contatto.
Così, incespico verso il bagno
e spremo via gli occhi finti.
Al ritorno, mi fermo per uno spuntino,
"Che diamine", dico.
Sono in piedi e già sono sveglio.
È zitto in quel momento.
Mi siedo alla tastiera ed inizia a urlare.
Cerco di attenuare la calamità estatica dei pensieri
suoni
parole.

Le parole, sono sempre l'unica cosa che abbiamo.

Cercare di catalogare i miei pensieri è superfluo.
Nessuno può monitorare la velocità con cui funziona la mente.
Ci sono tante parole che voglio scrivere,
tante cose che voglio dire alla gente.

Dissipati,
tutto si scaglia contro di me in questo momento.
Posso vederlo,
come una camicia fresca messa per la prima volta.
Poi, andati.
Una singola usura e la memoria si increspa.

Sto cercando di raccogliere i pezzi,
tutti i pezzi,
di scriverli
di suscitare qualcosa più tardi.
Lentamente, tutti andati,
una rovina personale
uno sputo nell'occhio
un nodo in un orecchio troppo profondo da raggiungere
una goccia allo stomaco che ti getta al pavimento.

Il cursore dello schermo non si muove.
Mi distendo a letto.
Forse mi sveglierò di nuovo.
Forse prenderò un po' di magia.

Lascia che splenda

La vita richiede dramma.
Perché dovrebbe?
Non dovremmo sopportare tanto dolore.
So come ti senti.
Stai cercando di avere una prospettiva positiva,
ma è difficile accecarsi fino alla disperazione.

Tutto quello che puoi fare è cercare di superarla.

È importante ridere.
Ridi e basta,
curva le labbra in un sorriso.
Anche se le lacrime cadono,
anche quando sembra inutile farlo.
Diamine, ridi della tua miseria.
Lascia che accada.

Lascia che tu sorrida.

C'è tanta pressione nel gioco della vita,
per la maggior parte non ne abbiamo alcun controllo,
il resto l'abbiamo manipolato in sentimento.
Siamo inclini a vacillare,
anche se ci siamo allenati per affidarci sull'equilibrio.

Scappa,
sfuggi il mondo
sfuggi la vita per un momento.
Non c'è niente di sbagliato nel fare un passo più in là.
Ascolta la tua canzone preferita e
chiudi gli occhi e ascoltati respirare.

Solo quando la luce colpisce l'angolo esatto
essa riflette di nuovo su di noi.
La maggior parte del tempo può essere buio.
Attendi il tuo momento.
Quando arriva,
lascia che splenda.

Lascia che splenda.

Preferirei camminare per sempre che correre una maratona.

Scrivi

Scrivi

Scrivi fino a che non ne puoi più.
Scrivi fino a che non scopri la magia.
Scrivo fino a che non piangi.

Scrivi

Scrivi per ispirare
Scrivi per dimenticare.
Scrivi per ricordare.

Scrivi

Scrivi fino a che non è stata detta la storia più incredibile.
Scrivi così da cambiare il mondo.
Scrivi per toccare la vita di qualcuno.

Scrivi

Scrivi con il cuore.
Scrivi per la tua anima.
Scrivi e non fermarti.

Scrivi

Il mio quartiere

Sono le 3 del mattino e sto pedalando contro il marciapiede.
Domani difficilmente mi ricorderò di questo.
La mia strada di sicuro lo farà:
sembra conoscermi bene.
Mi aiuta a guidare per arrivare al mio letto.

È più facile parlare con la mia strada.
È il miglior ascoltatore, e le risposte sono poche.
Sono sollevato dal modo in cui non mi giudica,
non importa quante volte io cammini su di essa.

Vivere nella memoria di ieri

Stavo aspettando il mio cibo.
La stanza si stava riempiendo.
Poppop stava mangiando pane tostato alla cannella.
Meme stava finendo un muffin inglese.

Ho cominciato ad agitarmi.
Mi sono guardato intorno e ho visto tutte le persone che
conoscevamo.
Beh, tutte le persone ci cui Meme ed io ci ricordavamo.

"Dai, Sue, dov'è il mio cibo?" chiesi.
"Mi dispiace, Joe, sarà solo bloccato nel traffico." Disse mia
sorella.
"Ma ho ordinato 20 minuti fa."

"Joe Lee, sii paziente." disse mia nonna,
Meme Marge.
"Hey Margey, dai al ragazzo un po' di tregua, ha un grande
partita stasera." Disse Poppop appena mi strizzò l'occhio.
Non avevo visto mio nonno darmene uno
da molto tempo.

"Joe Lee... basket?! Ha quasi 30 anni,
Poppop, non gioca più a basket".
"Di cosa stai parlando Meme?" La interruppi.
Le lanciai uno sguardo che le comunicò che
non aveva molta importanza.
"Sì, Marge, di cosa stai parlando?" Chiese Poppop.

Meme si fermò.
Aveva capito: non valeva la pena dire la verità.
Mi piaceva vivere nel passato di Poppop.
In esso, ci era permesso ricordare.

Questi momenti erano belli.
Erano importanti,
ma erano anche molto tristi.
Non permettiamoci di essere tristi.

Abbiamo sognato di ricordare.

Potevo vedere Meme lottare.
Ho il sospetto che fosse difficile per lei rimanere forte,
ma lo ha fatto, doveva farlo.
Abbiamo dovuto farlo tutti.

Mi sorprende quanto i ricordi siano un dono.
Le conversazioni che hai avuto, quelle che erano solite annoiarti,
possono essere così preziose.

Mia sorella mi ha consegnato una targa: "Ecco a te."
"Grazie, Sue."
Poppop guardò Sue e poi me.
È stato in silenzio.
Meme guardava di lato, non poteva stare a guardere.
Ho guardato Poppop e lui non mi riconobbe.
Il momento era terminato
e non sapevamo
se un altro sarebbe mai tornato.

Mi sentivo in colpa per dimenticare
come preziosa può essere la memoria.
Volevo dirlo,
ma invece ho mangiato un panino a colazione.
Per ogni boccone contavo,
nella speranza che Poppop sarebbe tornato.
Ho aspettato, dando solo altri quattro bocconi
prima di non farcela più a mangiare.

Sue chiese: "Perché non mangi?"
Non ho detto niente.
Stavo per allontanarmi, ma mi fermai.
Poppop disse, "Sì, Joe, avrai bisogno della tua forza
per la grande partita di oggi."

I momenti magici ci rammentano silenziosamente
che la follia è vicina.

Immagini allo specchio

Credo che tutti noi abbiamo un'immagine di noi stessi,
e passiamo ore e ore cercando di rappresentarla.
Spendiamo
soldi
tempo
ed energia per apparire come qualcosa che ci immaginiamo.
Tutto in modo tale che ad un certo punto
in una volta
ci possiamo ammirare come immagine.

Anche se abbiamo l'ambizione di essere originali,
non possiamo esserlo.
L'originalità non è più originale.
L'originalità è niente più
che una falsa aspirazione
e la sua bruttezza si costruisce dalla vanità dei media.

Ma la accettiamo.
Sperando che un giorno ci metteremo da parte
rispetto al mucchio affollato di persone in cerca di immagine,
coloro che sono a corto di parole o di respiro senza la possibilità
di consenso.

Siamo cresciuti più corti.
Siamo in grado di ampliarci solo riavvolgendoci.

Ci muoviamo in una nebbia creata
dall'insicurezza
dalle scuse
dalla solitudine
dai deliri
dalla compiacenza
della nostra cultura.

Marciapiedi di ottobre

Inizia con i calzini.
Il vento d'estate spensierato che soffiava contro
i miei piedi nudi se n'è andato.
I calzini proteggono le dita dei piedi dalle spine dell'autunno.
Le strade sembrano più ampie ora.
Le conversazioni nebulose dei turisti, stagisti e visitatori si sono
tenute nelle loro case lontane.
Madison Avenue è piena di vigilanti.
È l'unica cosa che protegge la città.
I veterani fedeli si mescolano con i principianti.
Chi persevererà?
Una paura inespressa si presenta.
Qualcuno, chiunque, ce la farà prima di te?
Apprensione e speranza coincidono come olio e acqua.
Ogni giorno potresti essere disidratato.
Questo è il rischio che corri.
Passo davanti Hassan, l'uomo col carrello del kebab.
Non mi ha detto ciao per tutta l'estate,
ma oggi è diverso.
Sì, proprio come ogni ottobre,
un piccolo senso di fiducia in sé si ristabilisce,
per coloro che sono sopravvissuti.
È il micro-ecosistema,
una città di transizione turbolenta,
di apatia finita e di ambizione stagionale
in attesa di essere soddisfatta.
Ce l'ho fatta per un altro anno, ma ehi, guarda l'ora.
Sono in ritardo, ma non siamo tutti un po' in ritardo?

Iniziare senza direzione

Inizia e basta.
Chissà dove finirai?
Chissà se finirai?

Forse non finirai.
Non ha importanza.
Molti sono finiti in posti in cui non si aspettavano.
A volte questi luoghi sono migliori,
altre volte, peggiori.

Ma è meglio arrivare da qualche parte.

Ovunque è meglio
di nessun luogo.

Critici e nemici normalmente bevono insieme.
Hanno moltissime cose in comune.

Il pragmatismo con l'amore e le donne

Non posso farlo più.
Non importa quanto lo voglio.
Non importa quanto tu lo vuoi pure.

Cazzo, merda, dannazione!

Sono triste,
non perché ti ho incontrato
non perché stare con te è stato straordinario
non perché non può funzionare
non perché non posso parlare con te liberamente come ero solito
fare
non perché non sarà più presente.
Ma perché...

Non puoi fingere di amare.

È stato un privilegio,
e so che la gravità di tutto
rende difficile crederlo.
Le mie parole una volta accendevano.
Ora, non riesco nemmeno a far iniziare le cose.
C'è dolore per tutto ciò,
ma non è lo stesso per me come lo è per te.
Per me, il dolore è sapere
che dovrò provare tutto questo ancora una volta.
La paura, si sofferma come una goccia di olio nell'acqua.
Ride con squilibrio,
esposta, intrappolata e patetica.

Non c'è niente da dire se non addio.
Ad ogni addio, c'è un momento che indugia,
una pausa
una speranza
ma la realtà è desolante.
Riportami indietro, ti prego, non posso vivere!
Perché?
Perché?
Un altro tentativo?

Lo considero. Consideriamo di aiutarci a vicenda.
Puoi essere quello che allevia tutto il dolore?

Domande...
Domande su altre domande ...
Domande che mettono in discussione ogni domanda,
fino a quando il mucchio è alto e la risposta è lontana.

Le lacrime non valgono la pena.
Dobbiamo conservarle per qualcosa di più importante.
Questo non lo è più.

Questo non è più rilevante.

Accendi un fiammifero, ma non tirarmi in mezzo.
Non c'è nulla da prendere in considerazione; la fiamma presto se
ne sarà andata.

È stupido
frustrante
fastidioso
confuso
spregevole
e peggio ancora, pieno di rimpianti.

È pragmatico, e lo odio
È la fine
È finito
È tutto finito

La gente di fuori

Non posso prendermi una tazza di caffè che ne incontro
qualcuno.
Qualcosa di fresco non sembra essere più possibile.
Vorrei potere.
Vorrei che fosse come era anni fa,
quando sembrare fighi non era figo,
quando alla gente importava davvero qualcosa
di quello che pensavano,
quando non cercavano di imitare qualcosa o qualcuno.
Forse sono faceto.
Forse non mi fido di nessuno.

Voglio credere nelle persone.

Lo vogliamo tutti,
ma questi tempi sono così vani.
Incoerentemente destinati al debole successo.
La luce brilla, ma può essere troppo luminosa.
Guardo la gente di fuori.
La gente di fuori, questo è come li chiamo.
Faccio pause dalla scrittura e guardo fuori mentre camminano.
Voglio parlare con loro.
Voglio imparare da loro.
Perché?
Per esplorare,
per battere l'inquietudine,
la salvezza
la sicurezza.
Forse posso imparare qualcosa da loro.
Forse possono imparare qualcosa da me.
Forse è una perdita di tempo.
Forse...
Ma sarebbe meno stupido
di aspettare che parlino con me.

Mangiatori di fuoco

Mi è stato chiesto il motivo per cui scrivo poesie,
accusato a volte di farlo per l'attenzione,
per riempire il vuoto durante le feste
per aggiungere un argomento in una conversazione a cena.
Non ha nulla a che fare con questo:
no,
lo faccio per me stesso.
lo faccio per evitare la terapia:
Non accetto di pagare per un consiglio.

Ma,
a parte quello,
continuo a scrivere.
Scrivo per i momenti in cui non riesco a prendere una pausa,
per il senso bruciante della realtà della vita che
offusca la mia visione,
per la corrente della paura, disgusto
e rivelazione che mi prende di sopravvento,
per le nuvole confortanti che, quando si aprono,
piovono su di me con una risata,
per quando i pedali pizzicano le estremità delle dita,
per gli scogli senza abisso,
per le piatte pendenze allineate che non mi permettono di
viaggiare,
per i coltelli che si piegano quando li spingi,
per i drink che mi fanno lo stesso effetto dell'acqua,
per i nervi che mi scuotono di continuo.

Per tutti quei momenti,
ringrazio la poesia.

C'è altro:
la poesia mi trattiene
dal ferire qualcun altro
dal corrompere qualcun altro
dall'innamorarmi con cinismo.

Mi permette
di essere solo

di darmi qualcosa in cui credere
di avere un sollievo temporaneo
di essere placato
di essere calmo
di darmi un altro giorno
di costringermi a credere nel domani
di alleviare la frustrazione dell'irrequietezza
di essere me stesso
di pensare in modo anomalo in un mondo folle
dove dirò di essere normale.
di dire fanculo alla conformità,
alle istituzioni e al mio passato,
di essere il ribelle
di essere l'introverso
di essere quello che si comporta da estroverso
di urlare in silenzio
di tirarmi fuori
di essere egoista
di riempire il vuoto che ha bisogno di attenzioni.

Devo tutto questo alla poesia.

Lo faccio anche per gli altri,
per coloro che ne hanno bisogno,
per coloro che non possono scrivere,
per coloro che si sentono giù,
per coloro che cercano di parlare,
per coloro che guardano gli orologi desiderando che si muovano
più velocemente.

Ci siamo passati tutti.
La maggior parte delle volte scrivo poesie per evitare di nuovo
quel tipo di sensazione.

Tutti noi siamo passati attraverso il fuoco,
e le bruciature non sono così permanenti
come gli altri ci hanno detto che sarebbero state.

I rimpianti rimangono i momenti più reali della mia vita.

Colpi nelle ombre

Stiamo bene proprio come ieri.
So che stai mettendo in discussione il tuo valore.
Ti stai chiedendo:
"Va meglio?
Il prossimomomento sarà migliore dei momenti passati?
Viene adesso il momento migliore?"

Se guardi indietro, verrai colpito nelle ombre
che raccolgono le tue insicurezze,
ma lo scoprirai,
non importa quanto duramente tenti di catturare il passato,
non puoi.
Quella volta era dedicata a quel momento,
quella memoria
quel sentimento.
E,
non potrà mai essere ricreata.

Le ombre non intendono creare
un senso tetro del tuo futuro.
Non importa quanto duramente tenti di mantenere
lo spirito, l'innocenza e l'amore per ieri,
la durezza della realtà
abbandona sonoramente la gioventù.

A voi la scelta di come sopportare il presente.

Puoi restare indietro, ma il passato è sempre familiare.
Oppure puoi andare avanti
e non guardare mai indietro nelle ombre.

Guardando al futuro, la tua vita migliorerà.
Nuove porte
nuove persone
nuove esperienze
nuovi momenti
si sveleranno.

Questa è la bellezza più vera della vita,
e non la puoi trovare
a meno che tu ci riesca.
Ricorda,
non cercare mai di ricreare.

Il tuo tempo è breve.
Non mandare tutto all'aria.
C'è così tanta luce per te.
Ce n'è molta di più per te.
Oggi è molto più luminoso rispetto a ieri,
e domani sarà ancora più luminoso.
Non guardare mai indietro, mai.
Una vita nel buio è facile,
ma è una vita sprecata nel rimpianto.
Mai ricreare il rimpianto.
Mai affogare nei dolori.
Mai colpire nelle ombre.

Anticonformista

Sto vivendo adesso,
e sto vivendo nel passato.
Alcune cose cambiano gradualmente.
C'è progresso,
certo, anche corruzione
ma è tutto uguale alla fine.
Le prospettive
Le possibilità
Tutto sembrerà essere a portata di mano,
ma questa è solo una scena.
Una macchinazione deliberata,
un piano per distrarci dal pensare liberamente.

Una mente annebbiata è prodotta interamente
dai nostri errori.

È più facile non parlare che essere ascoltati,
o per lo meno, sentiti.
Segui un percorso che ti chiama.
Resisti dal fare domande per il semplice gusto di domandare.
Trova te stesso e differenziati.
Evita di seguire il branco.

Sii un ribelle.

Ma anche i ribelli formano una comunità,
non è vero?
Non sono proprio sicuro di ciò in cui credere.
Devo solo rimanere a pensare per conto mio?
Io non sono sicuro di niente.

Questo è un terreno comune per tutti.
Le nostre decisioni non hanno effetto solo su di noi, alla fine?
Forse no.

Deve essere proprio così complicato?
Alla maggior parte delle persone piace renderla più difficile di
quanto dovrebbe essere,
perché senza lotta non c'è soddisfazione.
I complimenti sembrano sempre forzati.
Non so mai come rispondere
quando so che non sono meritati.
Non so come comportarmi.
Non lo so,
e spero di non impararlo mai.

Come un eco

Ho pensato che sarei stato più lontano, ormai.
I pixel sono moscerini che corrodono il mio cervello.
È solo giovedì e sto già pensando
su quando incasserò il bisettimanale.
Le bollette mi comandano.
Un prigioniero alla scrivania.
9 ore di mediocrità.
Un pasto magro a mezzogiorno.
Domani, sarà altrettanto entusiasmante.

Una generazione promessa al successo.

Ogni aspetto della mia vita è stabilito dai trenta.
Ne ho 28 e ho bisogno di una proroga.
Non so cosa succederà.
Non avrei comunque alcun controllo,
e questo è il modo in cui dovrebbe essere.
Non dovrei aspettare:
è il segno universale della cortesia,
aspettare di scrivere,
aspettare di lasciare il mio lavoro,
aspettare per più di due mesi che lei ritorni.

Ma io aspetto, come tutti gli altri.

Chiamatelo frignare,
ma l'ambizione e la passione non dovrebbero essere trattenuti.
La gente giusta non vince.
Dovete conoscere qualcuno per entrare in contatto con
qualcuno.
Chi ha bisogno di una raccomandazione in ogni caso?
Cavolo, non ho bisogno di una raccomandazione.
Beh, credo che ho bisogno di una raccomandazione.
Dove si ottiene una maledetta raccomandazione?
Cazzo, non posso farlo senza una raccomandazione!!!
Quel che è peggio è sapere che si può fare qualcosa,
ma scendere a compromessi
può servire.

Fanculo!
Perché non posso avere un agente?
Perché non posso vendere un testo?
Perché nessuno può leggere la mia roba?
Diamine, preferirei rispondere a una chiamata che mi dice
quanto io sia terribile, che aspettare così a lungo.

Il risentimento crea un vestito
cucito con un sottile filo di aggressività passiva.

Siamo addestrati per non dire nulla.
Paralizzati dal pedigree dell'ingiustizia della società.
In attesa, speranzosi, deliranti:
tutti racchiudono il nostro stato d'animo.
Ci sono i più fortunati,
quelli che scoppiano
o almeno sembra.
Conosco alcuni di loro.

Sono i più tranquilli.

Trasformati in burattini, ci guardano.
A volte piangono nella notte.
Si comportano come se fossero qualcun altro.
Lo sento come un eco.
Lo so che sono loro.
Alla fine, siamo insieme.

Attraverso gli echi della nostalgia.
Attraverso gli echi del successo.

Le voci sono ascoltate da coloro che vogliono sentirle.
So che la mia voce sarà ascoltata.
Forse ce la farò?
Che altro c'è da fare?

Molte persone amano raccontare di essere creativi
piuttosto che creare realmente qualcosa.

Se mi dai una stella dorata ci cago sopra

Per favore non dirmi che sono grande.
Non dirmi che sto andando bene.
No, non dirmi niente.
Escludimi dalle tue conversazioni.
Mettimi da parte.

Ma quando hai bisogno di colpire qualcuno,
utilizzami come sacco da boxe.
No, non mi includere nelle cene.
No, non chiedermi della mia famiglia.
No, non parlare affatto con me.
Perché vorresti?
Non me ne importa un cazzo.

Ecco dove sbagli.
Non dovrei avere paura di te.
Il tuo potere è debole.
Il silenzio è la tua unica arma,
ma me ne sono reso conto.

È l'unica cosa che hai,
e per quanto pensi che mi faccia male, non è così.
Rido di te quando non sei vicino.
Voglio burlarmi di quanto tu sia impaurita!
Sei un'idiota!

Mi dispiace per te:
bloccata,
sperando che mi rifaccia vivo,
desiderando che fossi vicino a te.
Chi altro hai tu?
Io ne ho tanti, io ne ho altri che non mi mettono da parte.

Io ho più di te.

Tu puoi avere più di me,
ma questo non importa.
Ho tutto al mio posto.
Ho il mio battito,
e non ha nulla a che fare con te.

Da un testo che non ricordo

Il viaggio è vasto, arduo.
Una caverna impressionabile.
Pieno di
paura
supposizioni
sentimenti di inferiorità.

Ci vuole una persona volitiva,
per intraprenderlo.

La paura è qualcosa che non capiamo;
è qualcosa realizzata da anime vulnerabili.

Detriti di cruscotto
(Corse illecite dell'infanzia)

Le confezioni vuote di sigarette
erano sempre in forte richiesta,
le Newport posizionate sopra le Marlboro.
Il lusso è durato tanto a lungo quanto il brivido
che viene il primo del mese.
Il controllo dello Stato dura una settimana,
Lisbona ha vissuto una breve gioia.

A destra,
più verso il centro,
appena a destra del volante
c'era uno Zio Henry,
il precursore di Craigslist.
Online, faresti click e manderesti una mail,
nell'opuscolo,
piegheresti le pagine e chiameresti più tardi.

Andavamo nella Grande Mela ogni settimana.
La benzina era un po' più economica lì.
Gli annunci erano stati pubblicati il martedì.

"Diamine, guarda qui, che affare!"
L'avrebbe detto almeno dieci volte più tardi.
Non credo che avessimo mai fatto un affare a Lisbona.

Le offerte non sembravano giungere a buon fine.

Era sempre eccitante pensare che qualcuna di esse potesse riuscire.

Sul lato del passeggero, il lato che ero solito chiamare
"il mio lato"
Le borse del fast food e patatine fritte sfuse e rinsecchite si
mescolavano
con le matite
con le penne
con i coperchi masticati delle tazze da caffè del Green Mountain
con le lattine di soda schiacciate del Moxie
e con gli arazzi usati come involucri per la carne secca dello Slim Jim.

Il groviglio sembrava sempre esattamente lo stesso.
In primavera e in estate mi piacerebbe abbassare il finestrino e
lasciare che dei pezzi volino fuori.
A volte non riuscivo a sopportarlo.
Questo accadeva più spesso in inverno,
quando non avrei osato abbassare il finestrino.

Se si fosse fatto troppo ingombrante,
quando sarebbe stato troppo difficile anche vedere la strada da
percorrere,
lo avrei pulito.
Non mi avrebbe mai detto grazie.
Non ne avevo bisogno.
Sapeva che avevo apprezzato la corsa.

Siamo tutti impostori,
truffatori
e ladri.

Il segreto è farla sempre franca.

C'è una linea sottile tra la felicità e la lotta e tu tendi a inclinarti verso la lotta

Sei felice?

No, aspetta, non rispondere subito.
Non dire sì, no, o altro.
Pensaci e basta.
Pensa a quando ti svegli.
Pensa alle persone nella tua vita.
Pensa ora, pensa e basta.

Non pensare a qualcun altro.
Non pensare a cosa hanno loro.
Non pensare a cosa hai tu.
Non pensare a cosa non hai.
Non...

Pensa con il tuo cuore.
Pensa con la tua anima.
Pensa ad oggi.
Pensa a domani.

Pensa ad essere felice.

Tacos con guacamole

Lei era dietro di me,
così distante come se non fosse affatto stata lì,
convincendosi che non c'era,
e mai ci sarebbe stato,
niente tra noi.
E, per la prima volta dopo tanto tempo,
ero d'accordo.
Non avevo bisogno di sperare
o sospettare che qualcosa sarebbe accaduto.

Stavo bene.

Volevo che fosse finita?
Pensavo che avrei dovuta lasciarla andare?
No, questa non è mai stata la mia natura.
Così, mentre aspettavamo i tacos di pesce,
ho sentito un po' di pressione sulla schiena.

Si appoggiò su di me.

Non era niente di straordinario.
Non era qualcosa di diverso
da un amico che si appoggia su un altro amico.

Non era proprio nulla,

fino a quando ho sentito che era tutto.
Lei non lo saprà mai.
Beh, questo è quello che penso per adesso.
Vorrei che fosse diverso a volte.

La vulnerabilità dilapida la forza di un uomo.

Non ha importanza; è meglio essere stentati.
Credo che i sentimenti siano peggio per coloro che li provano.
Ma starò bene.
Lascerò che si appoggi.
Vivremo entrambi la fantasia per il momento.

Questo è tutto quello di cui ho bisogno... per ora.

Mi chiedo di cosa ha bisogno.

Forse è questo il mio scopo più grande.
Forse non ne ho nessuno in questo momento.
Spero che un giorno potrei essere io il mio scopo.
Questo è egoista,
lo è davvero,
perché non si può attendere qualcuno:
Non funziona in questo modo,
Non è mai stato così e non lo sarà mai.

Trovare una connessione è raro in questi giorni.

Forzarla è falso,
immaginarla è eterno,
sperimentarla è tutto.
Non so cosa succederà a noi.
Così stasera mi prenderò,
mi prenderò quello che lei mi darà.

Le sue pagine

Lei non si apre a nessuno.
C'è una storia che si propone di raccontare,
un modo in cui vuole essere ricordata.

Una volta, ho scritto sulle Sue pagine.

C'era un certo
tempo
momento
sentire,
uno stile che ha funzionato.
Ho riempito ogni pagina.
Ho scritto con cura.
Lei guardava con attenzione.
Cercavo diligentemente di placarla.

Tutto quello che volevo fare era creare una storia d'amore.

In un primo momento, è stato facile,
poi è diventato più difficile.
Non ho nemmeno voglia di guardare le Sue pagine.
Finsi il blocco dello scrittore.
Non volevo scrivere di ciò che mi ha fatto male:
quei tempi
di battibecchi ubriachi
di gelosia
di presunzione
di paura.

Il nostro rapporto si è sbriciolato per niente.

Mi sarei arrabbiato tanto con lei.
Lei a sua volta era stata altrettanto caustica.
Ma dopo tutta questa ritorsione e disgusto,
avremmo girato le Sue pagine.
Completamente vuote, bianche.
Ci saremmo arrivati insieme.
Non avremmo detto niente.

Ci siamo resi conto di quanto eravamo sciocchi,
di quanto non avesse importanza,
di quanto fosse 'successo' nel capitolo precedente.

Io non dovrei,
ma non posso fare a meno di ricordare.

Sono sempre le piccole cose quelle che mi mancano di più,

i capelli di mezzanotte,
lo spazio tra i denti centrali superiori,
il puntino sotto l'occhio destro,
il grosso naso a bottone,
la curva lungo la schiena.
Queste erano le sue.

Sono sicuro che ci sono cose su di me
che devono essere
annotate nelle Sue pagine.
Non sono mai stato in grado di leggerle.
Non ne avrò mai la possibilità.

I nostri giorni erano contati.
Pagine assottigliate
fino a che arrivò l'ultima,
quando la storia doveva finire.
Era così bello.
Sono stato egoista; forse lo sono ancora.
Volevo sapere di più.
Volevo scrivere di più.
Volevo leggere di più.
Volevo di più.
Ma non mi voleva,
lei non mi voleva più.

Così scrissi.
Non avrei potuto procrastinare più a lungo.
Mi ci è voluto più tempo per scrivere "Fine"
che qualsiasi altra parola prima.

Dopo che ho finito, ha preso le Sue pagine.
Non avevo più bisogno di scriverci sopra.

A volte cerco di ricordare,
insensatamente cercando di capire
quale parte avrei potuto cambiare per farla funzionare.
Potrei sbatterci la testa per sempre, immagino.
Forse dovrei trovare qualcun altro.

Ogni ragazzo ha la fortuna di scrivere nelle Sue pagine.

Solo che non sanno quanto
fino a quando si accorgono che le pagine iniziano a diradarsi.
Quando è quasi tempo di scrivere:
"Fine"

Non posso cantarti una canzone,
ma posso scrivere qualcosa
che ti ispiri a scriverne una.

Spingere

Perché spingo la gente?
Perché?
Quando sono sul punto di farli entrare,
proprio quando penso di poter farlo,
spingo
spingo un'ultima spinta.

Voglio sapere fino a che punto posso farlo.
È un test che faccio per vedere quanto leali siano le persone.

Sto spingendo me stesso mentre lo faccio.
Forse è sbagliato da parte mia,
forse sembra crudele,
ma se permetto a loro di tradirmi,
sarei sciocco.
Verrei spinto di lato con gli altri,
e sguazzerei nella miseria
della crudeltà
dell'inganno
delle bugie
e della solitudine.

Non posso permettere a me stesso di sentirmi in quel modo.
Così spingo.
Spingo.
Spingo!

C'è qualcuno abbastanza forte da spingermi indietro?

So che se potessero,
sarebbero lì per me.
A sua volta,
sarei lì per loro.

Non posso aspettare fino a quando non devo spingere più.

Qui sta il problema.
Ognuno sta spingendo.
Tutti
Se solo potessimo fermarci
dal dire bugie
dall'imbrogliare
dal vendicarci.

Allora potremmo fermarci.
Allora potremmo smettere di
spingere.

Notti di combattimento

Ho solo bisogno di un motivo.
Davvero, qualsiasi cosa mi aiuterà.
C'è tensione adesso.
Lo sto aspettando da un momento all'altro.
La quinta birra mi guarda dritto.
Lubrifica le mie intenzioni.
Voglio solo combattere.
Sì, giusto, combattere!
So di avere un buon lavoro.
So di avere una buona famiglia.
Sì, so che questa è una decisione stupida.
Lo voglio.
Ne ho bisogno.
Non è l'alcol che mi sta causando questo.
Beh, forse un po' mi convince.
Però non è la causa.
Riguarda me e il fatto che mi sento come se dovessi avere
qualcosa.
Una voce?
Suppongo.
Qualcosa da dire?
Sì, assolutamente.
La rabbia infiamma dentro di me.
La tranquillità di una fresca vigilia estiva placa la mia rabbia.
Se solo il fuoco non bruciasse così profondamente.
Nessuno si occupa di tutto ciò, tranne me.
Sono pronto,
un sussulto
uno sguardo
qualsiasi cosa.
Anche una respirazione anormale potrebbe farmi partire.
Lo voglio, ma io non so perché.
In quel momento mi fermo.
Guardo la birra.
È quasi vuota.
Un'altra?
No,
cinque è il mio limite.
Il barista mi scaccia via.

Ho vinto.
Solo io lo so.
La porta è l'ultima cosa che ricordo.
Un giro della vittoria mi aspetta fuori.
Sono ora condotto verso Broadway.
Le strade mi dirigono sempre a casa.
Domani, tornerò.
I drink saranno serviti,
il bar sarà in attesa,
e la lotta aumenterà.
Sarò pronto,
mi fermerò prima che degeneri.

L'accumulo è abbastanza.
A volte abbastanza ne vale la pena, alla fine.

La bellezza della folla

C'è della bellezza dentro ognuno di noi.

Non dobbiamo lasciarla andare.
Quando dimostri la tua bellezza agli altri, fai attenzione.
Verrai chiamato diverso.
Verrai chiamato anormale.
Verrai chiamato in molti modi
che provengono dall'invidia di qualcun altro.
Ti chiederanno se la tua bellezza rende brutta la loro.
Non ascoltare le loro domande.

Non dimenticare mai quanto sia preziosa la tua bellezza.

Qualcosa è accaduto loro lungo la strada.
Hanno dimenticato e vorrebbero poter essere puri.
Così ti sfideranno.
Ti chiedi se dovresti essere come loro.
Forse hanno ragione.
Forse dovresti rifiutare la tua bellezza.
No: questo è esattamente quello che vogliono.

Solo tu hai bisogno di celebrare la tua bellezza.

Non importa quanto gli altri applaudano.
Una moltitudine di applausi segue.
Ci vuole forza a rimanere in silenzio.
Quindi, conosci la tua bellezza.
Migliorala ogni giorno.

Anche se sei il solo a vederla.

Le stelle ricevono il loro bagliore
dai folli diamanti che splendono sotto.

Belmont

Guardo la griglia di partenza, ma è troppo lontana.
Non mi importa: l'azione reale avviene sotto di me.
Sono contento di essere sui travetti.
Le bestie sono in attesa del rilascio.

Mucchi di persone siedono nella tribuna inferiore.
Uomini con pance crescenti fumano sigari
tanto rapidamente quanto donne sottili come una matita tirano
le Virginia Slims.
Le donne nascondono i loro vizi in fragili cappelli a forma di
pavone.
I ragazzi del college nuotano in un mare dorato di amnesia.
I bambini, che restano la specie più pura,
fantasticano su come diventare fantini.

E sono fuori!

Il fuoco della pistola ci stordisce.
C'è un momento di completo silenzio.
Ognuno è una parte di questo momento.
La partenza.
In seguito, tutti vanno per conto proprio.

"Andiamo Wicked Strong!"
"Andiamo Medal Count!"
"Andiamo Commissioner!"
"Andiamo California Chrome!"

Io tifo per California Chrome.
Non farà una fortuna.
Le probabilità sono terribili,
ma voglio essere parte della storia!

Noi tutti teniamo in mano le nostre schedine bianche come
biglietti della lotteria.
L'unica differenza è che tutti
hanno una possibilità.

Lungo il tratto finale tutti si alzano,
le birre fuoriescono,
dei cari hot dog e nachos si spiaccicano al suolo.
Tutti dimenticano la realtà
per due minuti e trenta secondi.

Dopo che i cavalli attraversano la linea del traguardo,
inizia a nevicare.
Nel bel mezzo di una sera di mezza estate,
ogni fiocco di neve -
"Belmont, corsa dieci, due dollari per vincere sul cinque"
una volta in possesso di un certo valore -
"Belmont, corsa dieci, cinquanta dollari per mostrare sul tre"
una volta in possesso di un po' di speranza -
"Belmont, corsa dieci, ventitrè dollari per piazzare sul sette"
ogni fiocco di neve -
dura due minuti e trenta secondi.

È più vicino di quanto pensi

Sta diventando affollato.
Gli urti sono più frequenti,
fino a quando non abbiamo altra scelta
se non disperderci caoticamente.
Come se fossimo esplosivi fuochi d'artificio.
Presto cadiamo,
la scintilla è spenta.
Affollati, ancora una volta, cerchiamo di trovare il nostro scopo.

Dove sta venendo a prenderti la tua vita?

Numerose nubi crescono, e
ognuna aleggia con insoddisfatta ambivalenza.
Resiliente alla pioggia, tutto rimane secco.
C'è più freddo, e questo sta diventando normale.
È stato come ieri, e domani sarà lo stesso.

Il tempo non dovrebbe semplicemente passare.

Posso capire perché la gente si rammarica di alzarsi dal letto.
Sarebbe più facile restare a dormire per tutto il giorno.
Non si sentirebbe il rumore,
la delusione che viene da
scopi insoddisfatti
e-mail superflue
deliri di potere
menti inferiori.
Non dovrebbero chiamarla "vita".

E tu meriti di definire te stesso.

Ostacoli,
dagli estranei, dagli addetti ai lavori, da te stesso
cercheranno sempre di scoraggiarti.
Scappa da questi vincoli.
Diamine, scappa da tutto.
Il ritmo di realizzazione è estenuante.
Mai arrendersi.

A volte non sappiamo quando finiremo la corsa.
A volte non sappiamo nemmeno come iniziarla.

Ci sarà uno specchietto retrovisore di fronte a noi.
Ci chiede di continuare ad andare avanti,
solo un po' più a lungo.
Ci dice di tenere duro.
Questa è la parte più difficile.

Ricordati sempre di seguire il tuo sogno.

È uno schifo di decisione se non lo fai.
Sembra che accada di dimenticare
quando guardare allo specchio
diventa troppo faticoso.

Solo gli individui deboli resistono guardando il loro riflesso.

Il cambiamento arriva se si aspetta.
Lampi di luce ci catturano in momenti inaspettati.
Ci ricordano,
no,
ci sfidano di continuare a muoverci.

Dobbiamo lottare per raggiungere la gloria personale.

Ricordati di credere.
Anche quando le probabilità sono contro di te.
Anche quando sei stanco del presente.
Anche quando lo specchio sembra troppo lontano.
Corri, corri.

Tutto quello che avresti sempre voluto è più vicino di quanto tu
pensi.

Genio

Una parola usata troppo spesso,
spruzzata in faccia come coriandoli,
ogni frammento di colore che vola per aria,
una convenzione che si manifesta con la superiorità sociale.
Un temporaneo senso di euforia sospesa.

Alla festa tutti si chiedono,
Perché
tu
io
o qualcun altro non ci ha pensato prima?

In seguito, le setole della scopa baciano i coriandoli,
mucchi di gloriose schegge
pronti per la spazzatura,
mescolati tra
tazze
piatti
e taglieri di formaggi ammuffiti,
mucchi dimenticati dallo splendore della serata,
fino a domani,
quando tutti festeggiano il nuovo colpo di genio.

Sogna un luogo
dove tutta la tua ansia sparisce.

Pretendo di essere da questa parte

Il mio lato migliore lo lascio vedere solo a pochi.
Qui, io sono il tipo divertente.
Certo, sarò il ragazzo che si prende la colpa.
Suppongo che sia il mio ruolo dalle 9 alle 17.

Non posso mostrare il mio lato migliore a loro.

Perché?
Perché se lo facessi
Non avrei il mio lavoro
Non potrei andare alle feste.

E per l'amor di Dio, non potrei perdermi un'altra festa!

Odio le feste, cazzo.
Odio essere in mezzo a falsi amici.

Odio fingere di essere da quella parte.

Il cartone del latte

Alcune persone non sapranno mai quanto grandi esse siano.
La vita può diventare un trucco allettante.
Siamo vittime del desiderio di emulare
qualcuno o qualcosa.
Spegni
il computer
il telefono
la tv
e chiudi i libri.
Non leggere nemmeno questa maledetta poesia!

Quanto è raro pensare per conto nostro?

Camminare
è qualcosa che diamo per scontato.
Pensare
è diventato uno sforzo.

Fino a quando ci collochiamo in una posizione
dove speriamo di essere inclusi
dove speriamo di sentirci parte.

Nessuno appartiene a nessun luogo.

Siamo tutti vagabondi,
viaggiatori con nessun posto dove andare,
transitoriamente in movimento verso qualche luogo sconosciuto,
un'esistenza
basata sulla convinzione che a un certo punto ce la faremo.

Viviamo in un mondo perduto.

Direi pure "fate un viaggio sicuro",
ma non c'è nulla di sicuro circa il cammino di nessuno.

Onere ritirato
(Generazione, Millennial)

Quando penso ai Millennial,
vedo una generazione
vittima di stimoli incomprensibili,
pensieri a flusso libero persi
tra l'immensità prepotente delle informazioni
scatenate dall'acquedotto infinito della tecnologia,

hobby goduti solo per il loro potenziale
di diventare commercio,
la gioia delle esperienze della vita accelerata dalla prospettiva
allettante che se ne potrebbe ricavare profitto,
una vita basata sulla qualità dei dollari,

relazioni piene di vanità,
L'orgoglio in apparenza è diventato coerente.
L'invidia delle celebrità scaccia
il fervore di essere diversi.
L'incongruenza sanguinante della vita richiede un pubblico
per essere ascoltata da un branco di non-pensatori.

Perché nessuno si pone domande?
Ti chiederai, che tipo di domande?
Domande a se stessi.
Domande agli altri.
Qualsiasi domanda.
Qualsiasi.
Proprio niente.

Sfide superflue trasformano menti capaci
in pettegolezzi inferiori
dedicati alla sfrenatezza insulsa delle distrazioni,
priorità della vita prese alla lettera,
ispirazioni provenienti da realizzazioni disoneste,
ammirazioni basate su "mi piace" e "punti di vista"
invece di lettere,
impressioni che durano solo per un momento.

Temo che il termine "icona" perirà.
Non riesco a pensare ad un
Hemingway
Fitzgerald
o anche un Bukowski
vivere ai giorni d'oggi.

Noi ci diamo pacche morbide sulla schiena
per aver scelto di alzarci oggi.
La sensibilità è superata dal cinismo.
La diligenza è superata dal beneficio.

Questa generazione si è ritirata,
confinata in una vista periscopica del mondo,
una visione ristretta accecata dalle vaste possibilità,
categorizzandosi ancor prima di dare
alle altre strade una possibilità.
Sopraffatti da tutto ciò,
sembra che nessuno sia disposto ad assumersi l'onere.

La memoria è uno svantaggio
se il risultato deve ancora essere raggiunto,
ma i momenti prima dell'attualizzazione
cavalcano la linea sottile tra il desiderio e la compiacenza,
entrambi i quali raccolgono risoluzioni dicotomiche.
Quando finirai?
Dipende quanto vorrai ricordare.

#stiledivita

L'anno
è
giovane
e
la
dissolutezza
ne
seguirà.

Il complesso

C'è un persistente senso di urgenza.
Sembra provenire dall'aspettativa,
forse derivante da un profondo desiderio di farlo.
Di farlo.
Di fare qualcosa.
Di avere un impatto.

Ecco perché posso essere pericoloso.

Non farei del male a nessuno,
ma questo mi abbandona.
Non ho una rete di sicurezza.
Se cadessi non ci sarebbe nessuno a prendermi.
Allora perché lo faccio?
Qual è il punto nel cercare di vincere le avversità?

È qualcosa in cui si nasce.

Quelli che ci sono già riusciti hanno tentato di farmi deragliare.
La loro opposizione non viene mai da una mia capacità.
Solo io posso prendere la decisione finale di fermarla,
ma c'è un problema con la mia opposizione:

Non so come fermarla.

Il mio desiderio mi permette di superare
la quieta apatia del non sapere se accadrà.
Ma io la aspetto.
Ci credo.
So che la gente è lì, a contare su di me.

Nessuno potrà mai sapere quanto loro abbiano impatto sugli altri.

Smettere è una cosa che nemmeno ti definisce.
Ma, se lo fosse, allora ci rinunceresti.
Quindi lascia ora.
Lascia che la prossima persona prenda il tuo posto.

Non lo farai.
Ci vogliono molte persone per finire qualcosa.

Ci vuole una persona sola per cominciarla.

Il ruotare selvaggio

Io non so nemmeno perché a volte.
C'è una fretta impeccabile,
ogni volta ho paura di farmela sfuggire,
ma ci cresco sopra, ci vivo sopra e la odio, tutto questo insieme.
Adesso, qui sto farneticando
e mi sento del tutto normale,
qui in un piccolo bar, proprio come quello a Lewiston.
Tutto è facile lì
e l'ho lasciato.
Potrei sempre tornare indietro.
È una mia scelta, immagino, ma non lo faccio.
Mi rifiuto anche.

Adesso sto battendo sul bancone del bar come un tamburo.
Con ogni tonfo, urlo,
"Selvaggio, selvaggio, selvaggio."
Il barista mi guarda come se questo fosse del tutto normale.
"Lo sai che mi corico con le luci accese di notte?"
Ride perché gliel'ho già detto dieci volte prima.
Cerco di calmarmi,
Ma un'immagine drastica circola dentro la mia testa:
un carosello impazzito
sul lato ovest di Central Park.

Appena iniziano i suoi ingranaggi,
le mie mancanze coincidono con la bellezza delle possibilità.
Non posso farne a meno.

Credo nelle possibilità.

La mia convinzione mi permette di battere la morsa dell'inerzia,
e la corsa gira, sempre più veloce, e lo stato selvatico di tutto ciò
mi consuma.
Io non scendo, non chiedo al conduttore di premere stop.
Mi aggrappo,
a questa cara vita del cazzo, mi aggrappo!
Sarebbe più facile lasciarsi andare.
Non avrei mai dovuto fare questo giro.
Ma quando dico ciò, non sono io.
Non è vero.
Sono bloccato e completamente affascinato,
dedito al selvaggio ruotare.

La passione viene da coloro che
non conoscono niente di meglio.

Giornata di lavoro

L'ascensore suona e le porte si aprono al nono piano.
Mi precipito alla postazione del clock-in.
Mi scannerizza la mano.
08:59.
Ce l'ho fatta.

Sono così fortunato ad essere qui.

Gli schermi dei computer ridono di me tutto il giorno.
Il passivo-aggressivo mi dice che non sono in carica.
E-mail... nessuno parla più.
"Questo è il tuo ruolo, non il mio. Ma mi prendo il merito."
"Oh, ho detto di fare questo - beh, ho cambiato idea - fà questo."
"Perché non è stato fatto ancora? Non tardare ".

Sono così fortunato ad essere qui.

Grazie per avermi trattato di merda.
Ma interpreterò la parte.
Farò un sorriso di plastica.
Sarò d'accordo con tutto quello che dici.
Non saprai la differenza.

Sono così fortunato ad essere qui.

Ho bisogno di soldi.
Ne ho bisogno per la fossa in cui vivo.
Ho bisogno di fare compagnia ai ratti
mentre corrono attraverso le mie pareti mentre provo a dormire.
Ho bisogno di dare da mangiare al cane che caga e piscia
accanto al mio letto.
Ho bisogno di sentire sbattere le pareti
mentre il mio coinquilino compiace una donna.

Sono così fortunato ad essere qui.

È tutto tranquillo dopo le 16:00.
Mi concedo l'ultima ora per pranzare.
Non ho avuto tempo prima.
Occupato, occupato, occupato, essere occupato.
È tutto un rumore, ma lo spettacolo deve andare avanti!
Una distrazione da quello che voglio fare.

Sono così fortunato ad essere qui.

Non vedo l'ora per dopo.
Mi siederò e scriverò.
Sì, sedersi e scrivere.
Qui è dove ricordo.

Sono così fortunato ad essere qui.

Sonno leggero

Mi sono addormentato nella mia stanza con tutte le luci accese.
So che accadrà ancora.
La mia vita si sta muovendo così velocemente quest'anno,
illuminata da un impulso fresco.

Mi sento così vivo.

Chiunque può nascondersi dietro l'oscurità.
Ma io non voglio nascondermi.
Non come ho fatto l'anno scorso.
No, voglio solo essere nella luce.

Momento con lei

Il posto vacante nel mio letto era insolito.
Il ronzio del frigorifero diventò una voce costante per me.
Mi faceva sapere che ero ancora vivo.
Le auto impetuose volavano attraverso le pozzanghere.
La pioggia se n'era andata ore fa,
e così anche il suo suono rilassante.
Desideravo un'ultima goccia.

Le sfumature della finestra erano lame di rasoio.
La luce passava attraverso.
Dovevo ancora appendere le tende.
I raggi brillavano sul mio pavimento e
mi ricordarono di un concerto a cui avevo partecipato.
Nessuno si stava esibendo ora.
Io ero l'unico in mezzo alla folla.
Mi sono seduto,
ho pensato a tutto quello che avrei potuto fare.
Tutte le persone con cui sarei potuto essere,
ma non mi mossi.

Rimasi fermo, pensando a lei.

La previsione del sabato sera
è un errore culturale.
Brusco meandro di convenevoli.
L'ebbrezza preliminare dà un tono triste.
Il bar aspetta,
chiama.
In alcuni casi invita con un urlo.
La verve per
l'accettazione
il significato
o qualsiasi altro tipo di sentimento
attende alla base di un bicchiere intriso di schiuma e ambra.
Un altro giro?
Riempilo!
Sto ancora cercando di trovarlo!
Sto urlando ora,
Sto uscendo pazzo.
Proprio come tutti gli altri.

Dopo,
non c'è niente.
Invidio me stesso in quei momenti.
La capacità di essere così libero.
Non sono più in ansia.
Non passerà molto tempo prima che lo sarò di nuovo.
Non c'è nulla che trattenga la natura svogliata dell'ebbrezza.
Ho perso la capacità di prendermi cura quando ne ho più
bisogno,
ed è a causa di quei momenti.
Lo so
il suono della solitudine è meglio che ascoltare il nulla.

Non ne sono sicuro,
ma
penso a lei.
È lei la risposta?
Non lo so.

Senza di lei io non credo di poter trovare una risposta.

A sua volta lei è in cerca di qualcosa.
È lo stesso per me?
Forse?
Molto probabilmente no.
È solo sua.
Così impariamo a crescere insieme.
Ci ricordiamo l'un l'altro che, insieme,
siamo migliori.

Chiunque può sentirti,
ma questo non è essere lì.

Era inevitabile credo.
Forse non è nemmeno colpa mia.
Essere soli ha un prezzo,
anche se non è sempre chiaro all'inizio
Ti consente di pensare
Ti fa fermare
Ti fa capire
Bloccare un momento è difficile.

In genere accade quando meno te lo aspetti,
quando ti schianti completamente.
Essere arrabbiato?
Perché?
Non persisterà;
potrai accelerare di nuovo,
messo a punto per il prossimo giro.

La luce di una macchina scorre di nuovo attraverso l'ombra.
Si muove in modo diverso ora.
Le pozzanghere sono sfiorate non frantumate.
Sento ancora il ronzio del frigorifero.
Quando guardo il mio letto,
Ancora
Lei non c'è
Era solita esserci
Sempre
Ma ora la sta chiamando di nuovo,
e so che la prossima volta che le auto si incroceranno e la luce
taglierà il pavimento
non sentirò il ronzio dopo.
Sento una voce.

Lei sarà sempre il mio dolce bambino.

Voglio rimanere
selvaggio,
naive
e delirante;
solo allora,
i sogni rimangono tangibili.

Andare alla deriva con gli altri o spostare il cursore

Le feste
Il lavoro
L'alcol
Le ridicole aspettative della famiglia.

Gli assassini del pensiero.

Lavato via come legna in mare.
Sempre più lontano va,
dirigendosi verso l'infinito del cielo e del mare.

Avvelenato dagli assassini.

Un uomo ha bisogno di stare da solo.
Può essere l'esperienza più spaventosa,
ma se permette che accada,
capirà di più se stesso.

Gli assassini non capiscono se stessi.

Non rispondere alle chiamate,
ai messaggi,
ai maledetti snapchat.
La tecnologia non ha fatto altro che distruggere il tuo pensiero.
Sì, è importante.
Sì, si è rivelata essenziale.
Ma se ti beccano a sfogliare uno schermo trasparente,
il cursore in attesa di scrivere la storia della tua vita lampeggerà
lampeggerà
lampeggerà.

Non aspettare gli assassini.

Loro non ti chiederanno i tuoi veri pensieri.
Non aspettare di dire qualcosa di grande.
Hai solo bisogno di ascoltare.
Dì qualcosa di importante.

I tuoi pensieri sono recuperabili.
Ti presentano a questo mondo stupido.
Nessuno può ricreare le tue manifestazioni.
Gli assassini possono cercare di copiarle,
Sì, gli assassini possono rubarle e cercare di far finta con gli altri.

Alla fine i tuoi pensieri non appartengono agli assassini.

Una volta che ci credi,
i vigliacchi che
twittano,
scrivono messaggi
e bramano "mi piace" si allontaneranno senza di te.
Cercheranno di nuotare controcorrente.

Gli assassini saranno presto dimenticati.

Sarai solo.
Avrai il sole in faccia.
I tuoi capelli tremoleranno
appena il vento lentamente li massaggerà in tutte le direzioni.
E penserai un po' di più.
Crederai un po' di più.

Creerai un po' di più.

E una volta che avrai fatto,
sarà in attesa di altro.
Il cursore che sta
lampeggiando
lampeggia
lampeggia.

Giro di piacere

Perché se vuoi fare un giro con me,
non si tratta di allontanarsi.
Si tratta di andare lì,
trovare quello che c'è dopo,
incontrare persone,
tutti i tipi di persone,

Più strane sono meglio è.

Non voglio la sicurezza.
Mi piace il confine
tra il folle e il selvaggio,
il posseduto e il folle,
lo spietato senza essere avventato.

È quello che voglio.

Questo è ciò con cui mi immedesimo.
Se non lo vuoi,
ti suggerirei di starmi alla larga.
Non sarebbe proprio come lo desideri.
Ma se questo è il tuo gioco,
unisciti a me in questo giro di piacere.

Tutte le strade per la gioventù finiscono ad Austin, Texas

Eravamo proverbiali creature della notte,
sorseggiando birre a buon mercato
ascoltando esibizioni di Open Mic
e contando sull'ottimismo.
Una comunità di Millennial ubriachi,

i nostri spiriti ipnotizzati dalla speranza, paura e disperazione.

È meglio essere qui
che altrove.

Guardo la mia anima precedente,
quella che desiderava provare emozioni.

Il modo in cui la gioventù ti inganna dentro convinzioni.

Guardo e non posso farne a meno.
Mi manca quel senso di avventura
e l'emozione dell'ottimismo.

Sono venuto a conoscenza che i confini della mia vita si stanno
assottigliando.

Sto correndo?
Dalla persona che dovrei essere?
Non ne sono sicuro.
Cerco di credere che io abbia ancora tempo per esplorare.

Ho bisogno di un momento da solo per ritrovare la calma.

Kelly si avvicina e chiede: "Stai bene, amico?"
"Sì,
no,
non ne sono davvero sicuro" le dico.
So che invidio i momenti in cui mi sentivo perso,
i tempi in cui la mia anima gridava.

Mi manca sentire la mia gioventù.

Il gruppo mi ricorda
dei sogni che avevo
dei sogni che rimangono.
Una quieta disperazione segue,
una vita in cammino per raggiungere un momento.

Quando rantoliamo il nostro respiro più vero.

La fine della gioventù è una cosa così fragile.
Ci sfugge nel momento in cui la desideriamo di più.
La società ci pressa,
non per esplorare,
ma nell'urgenza del tempo.
Ci ispeziona, ci irrita e ci fa infuriare.
Vorrei che non fosse così,
ma credo che lo debba essere.
Qualcosa deve ricordarci quanto stupido sia sprecarlo.

Il tempo è un avviso insensibile che il per sempre non è per
sempre.

La notte,
una tenda nera gettata su un passato grigio.
Vogliamo sperimentare tutto per la prima volta.
Ma invece cresciamo.
Ancora, resistiamo.
A volte,
Cerchiamo disperatamente di dimenticare.
Altre volte,

Cerchiamo disperatamente di ricordare.

Il tiro supera il vincolo, e ci spingiamo in avanti
anche quando sarebbe più facile non farlo.
Finché noi crediamo nella rarità della luce,
ci aggrappiamo a questa convinzione.
Sappiamo infatti che anche gli individui più deliranti hanno
prevalso.

La memoria diventa vittima dell'emozione.

Un senso della nostra banalità presente ride di noi
mentre aneliamo a ripetere il passato,
ad entrare dentro i nostri sé precedenti,
come se rinascessimo e vivessimo tutto
per la prima volta.
Quando l'emozione della scoperta era pura.
Ma siamo distratti durante le prime esperienze.
Incapaci di apprezzarle appieno,
ce ne rendiamo conto solo più tardi.

Afflitti dalla nostalgia.

Ma le birre continuano a venire.
Le canzoni continuano a suonare.
I disadattati e me incitiamo un altro giro.
Danny è sul palco,
sta premendo alcuni accordi.
Ce lo godiamo.

Sono triste ora.
A differenza degli altri,
sono stato qui prima,
e domani arriva troppo in fretta.

Mi mancherà questo.

Quando il viaggio finirà e tornerò alla mia depressione
quotidiana,
mi mancherà ancora di più.
E
anche nei giorni successivi quando sarò più vecchio di adesso,
dopo molte altre storie ed esperienze passate,
ripenserò a questa sera, penserò a questo momento.

Mi mancherà.

Il successo non ti ucciderà, la passione per arrivarci lo farà.

Non resisto, dovrei, ma non lo faccio

Potrei scrivere di lei.

Non è sempre così con le ragazze.
La parte peggiore?
A volte quelle di cui scrivi non sono buone.
Quelle ragazze... sono una cattiva abitudine per me.
Non posso farne a meno.
Non mi fermo.
Sono più ispirato a scrivere di loro,
rispetto alle altre ragazze.

Penne alla vodka

Ci sono 11 gradi,
e ho in mano un freddo vassoio
di penne alla vodka.
L'hanno lasciato nel corso della riunione settimanale.
Sono rimasto fino a tardi così da potermelo assicurare.
Non potevo lasciarlo andare sprecato!
Il denaro è limitato questo mese e ogni cosa aiuta.
Vorrei solo che non fosse stato avvolto nella carta stagnola.

Sono di corsa, cercando di superare il fiato di fronte a me.
Tutto è freddo.
Le moto sono fredde.
I bidoni sono freddi.
La cassetta postale è fredda.
La pasta è maledettamente fredda!

Non riesco a muovere le dita,
stanno bruciando e le punte sono in fiamme.
Il rigor mortis prende piede e la mia mano destra è bloccata.
Sto bilanciando il vassoio e agitando l'altra.
"Andiamo, mano, smettila di bruciare."
Questo non ha assolutamente senso!

Scivolo sul ghiaccio nero
appena giro l'angolo tra la 44esima e Broadway.
Faccio cadere la pasta.
Si sparge per terra.
La salsa si indurisce come la glassa su una torta di cemento.
Le tagliatelle diventano friabili,
desiderando di ammorbidirsi sotto l'acqua calda.
Il mio guanto destro rimane attaccato alla padella.
Lo strappo via e lo rimetto sopra la mano.

Salgo le scale del mio appartamento.
Nel momento in cui entro nella zona della posta,
le mie mani si rianimano.
Tutto quello che posso pensare sono le penne alla vodka.
Dovrei tornare indietro e prenderle?
Sì, ma no, non posso.
Ormai saranno congelate per terra.
I topi saranno i primi a rosicchiarle.

Arrivo alla mia porta.
Ho fame.
Sono esausto.
Tasca o giacca?
Dove sono le mie chiavi?
Non ho le mie fottute chiavi!

Dovrò uscire nel freddo di nuovo.
Dovrò andare
in metropolitana
tornare al lavoro
e prendere le maledette chiavi sulla scrivania!

Ma prima di tutto,
dovrò passare davanti
a quelle cazzo di penne alla vodka...

I lottatori UFC

Loro sono tra le anime più coraggiose.
Lo devono essere.
Devono sacrificare tutto per vincere.
Non passano ore in palestra.
No, passano giorni, settimane e mesi.
A volte l'occasione
che stanno aspettando richiede anni per raggiungerla.

Severa autodisciplina.
Famiglia, amici, mariti e mogli diventano estranei.
Stanno nascosti all'interno di fredde palestre.
Si dedicano e si allenano.
Muoiono di fame.
Rimangono concentrati in un mondo pieno di dubbi,
ma loro non dubitano mai.
Se iniziassero a farlo, perderebbero per sempre.

Occorre una donna o un uomo selvaggio per rimanere in questo
gioco.
Chi, sano di mente, chiude gli occhi
e immagina pugni e calci gettati contro di loro,
facendo mosse davanti gli specchi,
mentre si sforzano,
tutto il tempo,
di guardare il loro avversario più grande...
loro stessi
chiedendosi, chiedendosi,
sono abbastanza?
Sì, sì, questo è il motivo per cui sono diventati lottatori!

Si sono spinti
fino al limite della follia umana.
I confini sono a pochi passi,
sarebbe molto più facile per loro saltare.
Proprio come tutti noi.
Ma non lo fanno,
guardano verso il basso e non possono sopportare di essere puri
mortali.
Lo scopo della loro vita ha chiesto di più.

La cosa più triste è che, per la maggior parte,
il premio sarà sempre basso.
Il premio può scomparire completamente.
L'età ha fatto troppe vittime,
e anche i migliori devono capire
che l'età mette fine a tutto.

Per gli eletti,
quelli che non possono accettare nessuna di queste realtà,
quelli che non possono pensare ad altro,
non possono immaginare di fare nient'altro,
quelli che non hanno paura
quelli disposti a morire,
il tipo di persone che tutti noi desideriamo essere,
almeno una volta,
quelli a cui guardiamo,
quelli per cui preghiamo,
quelli per cui ci angosciamo,
quelli per cui piangiamo,
non importa se vincano o se perdano.

Una vita, un lottatore
dedicato all'UFC.

Il rifiuto è una virtù.

Il lato opposto del tempo

Il tempo,
è un fottuto elicottero sulla tua schiena.
Aleggiando sopra ogni mossa.
Un dannato promemoria di ciò che volevi
e
di quanto poco hai.

Sono sempre di fretta.
Fretta
Fretta...
Fottiti, fretta!

Io non mi fisso con il:"Doveva andare così."
No,
fanculo, se ci credi.
Io lo faccio accadere.
Sono dannatamente testardo.
Sono dannatamente ambizioso.
Sono dannatamente folle.

Ho intenzione di arrivarci.
Lo farò!
Per quanto riguarda il tempo,
non sarà dalla mia parte.

Scacchi americani
(Ogni giorno eroi disonesti)

I bambini lo impareranno,
i modi in cui possono manovrare
le tessere
e l'andare su e giù.
Giocheranno sull'empatia
e utilizzeranno le emozioni per mascherare la loro incapacità,
le loro vite vissute come esche.

In questo gioco della vita,
sfrutteranno al meglio le lacune,
diventeranno maestri dell'inganno sociale,
sfatando la diligenza,
la disciplina
e la dedizione,
addestrati per respingere
tutto ciò che brilla con la responsabilità,
esperti di aggressività passiva
responsabili di nulla
con niente fatti alla mano
niente di mosso
niente
niente di niente.

I docenti insegneranno loro questo,
perché gli insegnanti una volta erano come loro.
L'argomento nascosto,
un'accecante dimostrazione di adattamento soggettivo.
Confuso dai docenti,
confuso dai genitori,
si insegna loro ad essere confusi
da quelli che ammirano di più.

Siamo cresciuti in una società che
ci scarta
ci premia
ci dà etichette.
Tutto troppo in fretta, si trova un modo per sminuirci,
lasciando che gli adulti si preparino a combattere all'infinito
gli uni contro gli altri.

Quanto velocemente ci giriamo
quando non ci applaudono?
Questo è quando il male viene fuori.
La crescita di qualsiasi cosa è sottomessa.
Il desiderio senza fine di essere
voluti e considerati,
una falsa convinzione che abbiamo bisogno di essere collocati
in una posizione di prestigio,
una previsione della perdita delle nostre potenzialità,
questo è quello che abbiamo imparato.
E così,
gli americani vengono allevati per essere repressi.

Dicono che la salute mentale ci salverà tutti,
ma come possiamo credere al terapeuta il quale ha bisogno di una
terapia
o ci prescrive i farmaci così da farci continuare ad
aver bisogno di loro
a pagarli,

i soldi delle tasse dei lavoratori più seri
spesi per coloro che
recitano,
che hanno avuto cattivi genitori,
che conoscono che la manipolazione è meglio di qualsiasi
talento?
Loro giocano il miglior gioco.
Il progresso del Paese sarà arrestato dal gioco.
La paura della negligenza accenderà le sue fiamme.

Ognuno brucerà nell'
intollerabile
comprensibile
follia
del gioco.
Per coloro che combattono per l'onore,
nascosti da soli, creando,
i dadi rotoleranno il loro tiro,
i numeri mentiranno
e non sbancheranno mai il banco.

Quando il bambino
piange
supplica
ci dà una risposta onesta,
noi li respingiamo come esseri deboli.
Quando il bambino è
silenzioso
tenta di togliersi la vita
si nasconde dietro una maschera ammanettata di inganno,
li chiamiamo coraggiosi.
Il Paese gli dà i soldi, una casa, il cibo e un terapeuta.
Tutta l'attenzione degli Stati Uniti
che poteva mai aspettarsi.

L'onestà è pericolosa.
Coloro che portano la verità
diventano vittime ingenue del gioco.
Li accende.
Li mangia.
Fa di loro l'ape operaia,
respinge l'intelletto che covano,
li colloca lontano
dal potere
dall'innovazione
e invece li pone sotto il comando di mostri,
che si assicurano che il progresso gli crolli di sopra,
come se si trattasse di un ponte,

costruito per lungo tempo,
ma, proprio appena mancano gli ultimi ganci
l'intera struttura crolla,
solo per avviare il progetto da capo.

Questa è l'America.
Questo è il prezzo pagato da coloro che lavorano operosamente.
Questa è la terra della libertà.
Questa è la terra dell'incuria.
Ci crogioliamo in un triste caos,
un caos misto a ignoranza clamorosa basata sui
ritardi di
sviluppo
possibilità
e ambizioni.

Il governo ci dirà quello che vogliono.
I media mostreranno
qualsiasi cosa qualcun altro li paghi di mostrarci.
La gente gli crederà,
gli darà le loro vite
per sentire ciò che viene detto loro di fare.
Seguiranno, come i branchi di antilopi l'acqua.
Alla ricerca di niente di più che
la direzione più semplice
per mangiare e digerire il cibo
e poi defecarlo;
poi, quando nuovamente affamati,
cercare il banchetto successivo.

Il movimento rimane torrido e senza direzione.
Il nostro intuito abbattuto.
Lo spirito di ogni uomo strappato
prima che abbia anche solo il tempo di impegnarsi.
I giorni più bui oscurati
dalla delusione incombente.
L'incredulità interna.
I predatori attendono la loro preda,
la preda è già sconfitta.

Uomini brillanti trasformati in commessi.
Commessi trasformati in presidenti.
Se solo il foglio fosse vuoto fin dall'inizio,
gli insegnanti ci permetterebbero di esplorare.
Se solo gli obiettivi fossero coerenti,
poi il progresso potrebbe prevalere.
Se solo il gioco non esistesse,
poi, la follia non rovinerebbe le menti.

Un mantello scintillante aspetta di essere ruotato sopra i nostri
occhi,
l'attenzione sottratta
da questa distrazione
o quella distrazione,
in attesa di più distrazioni,
fino a quando non è tutto limpido.
La nebbia aleggia di fronte a noi,
mantenendoci umili.
E se abbiamo il coraggio di guardare oltre,
i nostri occhi saranno chiusi,
essi rimarranno chiusi,
fino a quando cadiamo di nuovo compiacenti.

Ti può buttare giù.
Il senso di colpa viene dopo,
stimolato dal tuo impulso intellettuale,
dal pensiero profondo.
Vene di sublime contemplazione pompano
e quando il sangue si accumula,
dà un senso tetro di disperazione.
Ogni appendice del corpo
diventa pesante ed è più difficile da spostare.

Ma i cercatori sottomessi obiettano tutto ciò.
Essi credono nella purezza.
Essi ispirano la minoranza a credere
che deve cambiare.
Una verve li tira dalla macchinazione folle della vita.
In piedi,
su una scacchiera senza pezzi.
Dove solo gli spazi si muovono.
Ogni passo controllato dalla tavola.
Non sapendo
ma credendo
possibile
vincerla.

Passi della città

Il fine della settimana
tristemente sorride senza grinta.
I passi della città battono il marciapiede
creando una melodia sordida di miseria.

Intento ad ascoltare
chiudo i miei occhi,
non mi muovo.

Che città.
Che canzone triste.
Che strano modo per calmare la mia anima.

*Il rimuginare è una fatalità del vivere a
New York City.*

Errori

Ci sono stati errori.
Purtroppo
Ce ne sono stati molti.
Spero di non averne raccolti troppi.
Io davvero non te lo auguro.

Ma,

se ne hai fatti un po', non abbatterti.
Non curiosare nel passato.
È un veleno delirante.

E,

se lo lasci,
questo resterà dentro le vene.
Entrerà in ogni organo,
e penetrerà nella tua anima.

Ma,

fermalo prima che penetri nel tuo cuore.
Sì, gli errori possono fare questo.

E,

Spero che siano pochi e lontani tra loro.
Spero che tu abbia il coraggio di perdonare te stesso.
Spero che tu possa essere coraggioso,
perché ci saranno sempre errori.

Versalo su di me

Il mondo non è così difficile.
Davvero non lo è.
Noi lo rendiamo più difficile.
Ciò dipende da
cose che non ci servono,
luoghi in cui si preferirebbe essere,
persone che non saremo mai.

È diverso per me.
È diverso per noi.
E gli ostacoli della nostra vita non significano nulla.
Sono un coniglio di velluto,
che ci attira verso un fantasioso miraggio di inganno.

Ci vuole coraggio per essere felice con la tua vita.
Va bene essere felici.

Capire che cosa vuoi realmente
e non smettere mai fino a che non ci arrivi.
Non ci sono regole per questo gioco.
I punti si assegnano prima, durante e dopo la partita.
A volte i punti non contano affatto.

Il mondo non è così difficile.
L'invidia e l'inferiorità ci rendono perdenti.
I vincitori non combattono mai.
Loro lo sanno meglio.
Se ancora non mi credi, va bene.
Hai solo bisogno di camminare fuori quando piove.
In quel momento le cose diventeranno di nuovo più chiare.

Il perdente

Erano passati 3 mesi da quando l'ho vista l'ultima volta.
Ammetto che la collezione di bottiglie e bicchieri vuoti
crebbe rapidamente durante quel periodo.
La chiamai e le mandai messaggi nelle ore tarde,
il contesto mai sincero,
le domande sempre provocanti,
un "Posso venire?"
o "Dovremmo stare insieme",
il suo telefono ronzava nelle ore crepuscolari delle 12-3 del
mattino.

Questo doveva farla infuriare.
Provo repulsione per ciò.
Ma, anche attraverso il mio disgustoso disprezzo,
è venuta una notte.
Stava benissimo,
proprio come sempre.

Avrei voluto rinunciassimo alle stronzate,
un risultato diretto delle mie azioni passate,
il mio egoismo
i miei fardelli.
Ho voluto dimenticare tutto e godere di quella notte.

Le lampadine lungo le travi di attraversamento del bar erano
basse,
bagliori segmentati che lanciano baci
nel respiro della tarda estate.
Non mi stava baciando allora.
Mi disse che ero un perdente,
una delusione, e una completa fottuta perdita di tempo.
Se solo sapesse quanto aveva ragione.
Gliel'avrei potuto dire la prima volta che ci siamo incontrati.

Era abrasiva,
sperando di buttarmi giù.
Era un modo per lei di tornare indietro
e modificare il nostro discorso.
Si aggrappava a una convinzione senza speranza che
ci saremmo potuti guardare negli occhi.
Il suo approccio mi ha deluso.
Se solo ci fosse stata più compassione,
forse le cose avrebbero potuto funzionare.

La gente non dirà nulla
pur di riavere quello che gli è stato tolto.
Lo fanno per incitare
uno sviluppo
una reazione
un test pronto per opprimere
una valutazione del loro rango.
È difficile stare sulla difensiva
quando si è il giocatore più debole della propria squadra.

Non ho detto nulla:
io ero un perdente.
Mi sono chiesto se valesse la pena lasciare
tutti questi scritti che ho raccolto,
o se lei avesse ragione a dirmi di continuare.

Ho cominciato a dubitare di me stesso.
Lei non avrebbe capito.
Non sapeva che lei era solo una mia fan.
Non sarebbe mai stata felice ad avere a che fare con me.
È per questo che non glielo permisi.
Perché non posso dubitare di me stesso,
e nessuno sa veramente come relazionarsi con gli altri.
Di questo, ne sono sicuro.

Forse un giorno lei leggerà queste maledette parole.
Se sono fortunato daranno un senso alle cose.
Forse lei avrà la spiegazione di cui aveva bisogno.
Spero che si metta il cuore in pace.
Capirà che non vale la pena avere a che fare con un perdente.

La mia vita potrebbe essere migliore,
se non dovessi viverci dentro.

Ti pagherei l'anima, ma siamo al verde baby

Lo ammetto; non te l'ho resa facile.
No, non mi sono mai conosciuto abbastanza bene.
Non potrei nemmeno decidere chi fossi tu.
Credo che io mi sia affidato alla convinzione che
siamo stati qualcosa in cui credere.

Due anni di questo circo.
Due anni tentando di sistemare qualcosa.
Due anni di pezzi mancanti.
Due anni di assistenza.
Due anni...

Io non me ne pento.
Ricordo ancora il momento in cui mi sono innamorato di te.
Quell'estate, non mi sono mai sentito più vivo.

Ti ho guardata in faccia.
Avrei voluto guardarci dentro per sempre.

Non sono sicuro di cosa sarebbe cambiato
se fossi rimasto nel Maine,
se mi fossi fermato e fossi tornato di nuovo alla casa sulla spiaggia.
Le lacrime rigavano il mio volto,
gli Atlas Hands ronzavano nelle mie orecchie.
La freddezza del vetro della finestra era la mia unica distrazione.
Ero spaventato a morte di quello che sarebbe successo
a New York, New York.
Tutto è cambiato.

Sei venuta per me, sapevo che l'avresti fatto.

Ma io non ti conoscevo allora.
Abbiamo dovuto ricominciare da capo.
Dopo aver appreso gli uni degli altri,
abbiamo scoperto che non era giusto,
ma ci siamo aggrappati a quell'estate...

L'accendersi e lo spegnersi di nuovo,
mi ha accecato.
Ogni giorno mi chiedevo se sarei stato in grado di vedere.
Volevo che anche noi vedessimo, vedessimo e basta,
ma immagino che non fosse così facile.

Ho lavorato, mi sono sacrificato e ho sperato per il meglio.
Per così tante volte avrei voluto smettere.
Ma, non mi sono mai sentito così vero con te.
So che volevi sentire lo stesso.
Ma, non ho mai sentito che avresti potuto.
Non sembravi pronta.

Eri un cerbiatto fragile,
volevo renderti più forte.
Avevo bisogno che ti sentissi più forte.

Non puoi essere forte se la persona che ami è debole.

Ci vuole coraggio per stare da soli.
Credo che nessuno dei due ne avesse abbastanza per stare soli.
Ebbene, fino ad ora.

Il mio cuore ha un piccolo squarcio.
Cede di volta in volta.
Lascia uscire un po' del tuo amore.
Lo sto ancora rammendando.

Ma,
sono esasperato, stanco e rotto.

Devo andare avanti

Bisogna andare avanti.

Mi ricordo di te nella luce.
Egoisticamente voglio dimenticare le volte che ti ho messa al buio.
So che ti sei sentita tormentata.
So che hai pensato che mi stavi dando tutto.
So che pensavi che io non lo stessi facendo.
E va bene così, perché questo è un tuo diritto.

Ma per favore sappi che non ho dimenticato la tua devozione.
Come potrei mai dimenticare qualcosa di così prezioso come quello.

Cazzo, è una merda!
La calma va via di nuovo.
Ti chiamerei in questo momento.
Mi piacerebbe provarci di nuovo...
Tu saresti qui, lo so.
Ma mi sto fermando ora...
Ho bisogno di smettere...

Mi ricordo di te due anni fa.
Mi ricordo i tuoi capelli scuri.
Mi ricordo le tue labbra perfette.
Mi ricordo la tua vulnerabilità.
Mi ricordo il tuo volto, per sempre.
Mi ricordo noi che ci innamoriamo l'uno dell'altra.
Mi ricordo il tuo amore.
Mi ricordo la nostra, no, non voglio lasciarmi andare lì.

Per la memoria non è altro che una gioia temporanea.

E io ho scelto di ricordarti stasera.

Guardare a destra

Sono passati 5 anni da quando mi sono affacciato
dal lato sinistro di una macchina.
In taxi, mi siedo sempre in modo da poter vedere Long Island
City attraverso
i cavi che sostengono il Queensboro Bridge.
In lontananza, quasi a toccare l'acqua,
il neon del cartello della Coca-Cola sanguina
sopra Gantry State Park.

Roosevelt Island è difficile da raggiungere con la metropolitana.
Così a pranzo faccio delle passeggiate lungo la 59esima
e passo sotto grandi sporgenze di ponti
costruiti anni prima che io nascessi.

Arrivo a bordo dell'acqua,
e mi ci rifletto.
Distretti divisi da fiumi e torrenti.
È solo qui che io sono in grado di guardare a sinistra.

Pazzi volubili

Desideriamo fortemente di sentire un senso di appartenenza.
Così ci fidiamo facilmente.
È nella nostra natura.
Una fatalità fondamentale della condizione umana.

Questo ci rende suscettibili alla vulnerabilità,
piegati e bruciati a volte,
quando cieli cupi vogliono sanguinare raggi solari.

Ognuno è troppo occupato,
focalizzato su distrazioni,
evitando valore e integrità,
e senza argomenti ci pavoneggiamo per le strade di Manhattan,
ingannando noi stessi.

Se solo potessimo comprendere quanto siamo completamente
irrequieti.
Sarebbe utile se ci fermassimo per un attimo
a pensare
a domandare
a confessare qualcosa di concreto.
Ma come può accadere?
Non siamo altro che pazzi volubili.

La speranza e il cinismo sono come gli uomini e le donne,
compatibili fino allo stremo.

Un bicchierino per dimenticare la solitudine

(Nuovo anno, stesso momento)

Le strade non erano per me la notte scorsa,
ma le ho camminate lo stesso.
L'anno era passato
ed io, beh, io non so chi stavo diventando.
Ho dovuto lasciare i miei amici alla festa
dopo aver preso un ultimo bicchierino.
Un ultimo sorso, una festa per dimenticare.
O perlomeno
per riparare le delusioni
ricevute lo scorso anno
e che sarebbero arrivate da quest'anno.

E mentre camminavo per strada,
ho cominciato a dimenticare cosa ricordare.
Non sembrava avere importanza, allora, o mai,
perché ricordare sembrava essere
la parte peggiore di tutto.
Non mi sentivo in colpa per pensare a lei,
ma mi sentivo male per pensare a lei
mentre stavo andando a vedere qualcun altro.
Continuai a camminare nella speranza che il bicchierino si
sarebbe fatto sentire.

14esima e 3°, io ero a metà strada.
Chiamai il taxi, ma non si fermò,
i suoi numeri erano offuscati.
Ero troppo cieco per capire la differenza.
Guardando avanti vidi una parata, una lunga fila di single,
un conglomerato di bastian contrari.
Stavano andando a dare il meglio quella sera.
Stavano anche cercando di dimenticare.
E io dimenticavo.

Strisciando lentamente giù per le scale, tutto divenne chiaro.
Mi nascosi sotto il neon dell'insegna del lavaggio a secco.
La mia camicia era sporca. L'avrei potuta far lavare.

L'urina quasi mi colpì le dita dei piedi,
ma mi sentivo più leggero,
e questo ha contribuito a rendere più chiaro il mio obiettivo.

Camminai più rapidamente.
Le braccia di un altro bastian contrario stavano aspettando!
Presto sarei stato dentro di lei.

L'auto sbandò e quasi mi inzuppò,
le pozzanghere venivano da un profondo crepaccio nella
pavimentazione,
dollari del contribuente spesi bene.

La confusione era tragica,
i numeri dell'edificio erano sfocati da leggere.
Lato destro pari, lato sinistro dispari
Dove diavolo è 369, 29esima strada?
Sono troppo stanco per questo.
Sono troppo ubriaco per questo.
Sono troppo nostalgico... per lei.

Mi fermai in un negozio e feci provviste.
I preservativi erano necessari,
e io dovevo essere sicuro di proteggermi.
Il mix di pacchetti di patatine della festa, beh, quello era per
sicurezza.
Qualcosa per ricordare a me stesso che ero stato giovane.
Le cose erano meno complicate.
Un giorno, le cose rallenteranno.

All'ottavo piano e poi schizzai fuori.
L'albero ancora illuminato, i doni spariti una settimana fa,
diedi un'occhiata nella porta.
Lo sgranocchio dei salatini la svegliò.
Misi giù tutta la borsa e mi svestii.
Lentamente sbirciai sotto le coperte,
quanto basta per far trasalire il fulgore dei suoi nervi.
Nessuno di noi sapeva cosa stava succedendo,
ma stavamo per farlo accadere.

Lentamente rimossi la sua vestaglia
e notai che si era preparata per il mio arrivo.

Nonostante le opposizioni mi infilai lentamente,
aggrappandomi alla struttura metallica del letto.
Pazientemente esponendole i passaggi necessari
in anticipo.
Ha funzionato, ma io ero, non potevo,
la mia mente era ingombra.
Non mi fermai, non potevo, non sarebbe stato giusto.
Eppure lo volevo.

Lentamente mi ritrassi dopo il suo culmine.
Mi trattenni dal autocompiacimento.
Rimasi lì.
Con lei, ma volendo essere di nuovo per strada.
Camminando, ovunque
Di nuovo al bar forse?
Di nuovo ai bicchierini?
Di nuovo al punto in cui non dovevo ricordare?

Fu in quel momento, con qualcun altro,
che non avrei potuto,
non avrei potuto dimenticarmi di lei.

Il percorso della piuma

Credo che chiunque, ovunque si trovi, possa andare dove voglia.
E, no, non intendo all'interno della tua mente.
No, quella ondeggia e fluttua come una piuma allentata di un
uccello.
Cade nelle zone comandate dagli elementi.
Preferirei afferrare la piuma e
attaccarla dove dovrebbe stare.

È una santa pace,
come quando ascolti una canzone
e inizi a piangere senza motivo
tranne che per trovarla meravigliosamente imperfetta,
proprio come te,
proprio come tutti.

È meglio seguirla e basta.

O come la calma improvvisa
sperimentata dopo aver ascoltato il tono basso di voce
che ti lenisce da tutto ciò che ha suscitato ansia.
Non ha importanza e la pelle d'oca si propaga,
ed è l'unica sensazione che desideri avere.
È semplicemente perfetto.
È triste, ma nel modo più felice.

Mi chiedo dove volerà la piuma dopo?
Seguirò il vento fino a quando vorrò fermare il percorso della
piuma.
Alla deriva, sono gravato da
un percorso condotto da qualsiasi cosa e chiunque altro.

Sesso

Il buon sesso è difficile da trovare.
Non ha nulla a che fare con il suo atto fisico.
Diamine, ci si sente bene, non importa quanto male o spesso
accade,
e questo è il mio problema.
È solo un bene se ti senti a tuo agio.

Mi piace ogni aspetto di due persone che si uniscono,
ognuna completamente vulnerabile,
ognuna completamente desiderosa,
ma è lì che il bene non sempre si adatta.

La velocità con cui si fa sesso è troppo veloce
troppo rapida
troppo corta
troppo prematura.
Si ride,
ma per tutte le ragioni per cui non si dovrebbe.

Hai mai fatto sesso con qualcuno
e te ne sei subito pentito?
Hai mai fatto sesso e desiderato invece di avere aspettato?
Hai mai fatto sesso e pensato tra te e te che avresti preferito non
averlo mai fatto,
perché l'hai fatto per le ragioni sbagliate?
Forse queste domande vengono dopo
quando il brivido dell'atto erode via.

Ultimamente, mi sento come se avessi screditato
me stesso e le donne con cui ho fatto sesso.
Quando è finita, nessuno dice niente.
Lo faccio perché non voglio rimanere intrappolato.
Non lo fanno perché sanno
che questo è esattamente ciò a cui sto pensando.
Prima me lo godevo il sesso, anche dopo che era finita.
Ora mi diverto,
ma poi, non posso aspettare che sia finita.

Sesso, come una soluzione rapida, cronicamente priva di gioia.
La lussuria è un'ossessione,
ed è disponibile in assenza di convalida.
Quindi andiamo avanti cercando di trovare qualcosa che non c'è.
Un promemoria egoistico del fatto che siamo desiderabili.

È solo quando aspettiamo,
quando ci prendiamo il tempo di ignorare
le vanità associate al sesso,
per scambiare cento notti in compagnia
con una notte ben costruita
quando è bella,
quando è così bella
che non avrai mai voglia di farlo con nessun altro.
È difficile da trovare, però.
È qualcosa di bello.

La magia
arriva solo dopo che hai fallito troppe volte
e la tua bellezza
non ha altre opzioni
se non lasciarsi andare.

Camuffato dal disordine

Ci sarà sempre quella piccola parte.
Si sofferma inosservata fino a che la faccia setosa non si espone.
È l'unica cosa che ci trattiene.

Essa provoca paura.
Causa esitazione.
Potrebbe anche essere chiamata una malattia.

Ne possiamo essere completamente persi.
Se non fosse per la lotta,
saremmo nulla.

Dobbiamo combatterla,
dobbiamo,
mettendo da parte le insicurezze e i demoni.

Cogli l'occasione.
Cogli l'occasione su te stesso.
Cogli l'occasione sui tuoi amici.
Cogli l'occasione sulla tua ragazza o ragazzo.
Coglila...

Sennò non avrai niente.
Non ha niente a che fare
con l'ammirazione del mondo.
Non è così.
E se è questo ciò che pensi allora ti stai nascondendo.

Lasciati andare.
Lasciati andare.
Lasciati andare.

Tutto ciò che puoi desiderare arriverà.
Devi solo permettere che entri nella tua vita.
E una volta che ce l'avrai, non svanirà.

Non abusarne: è facile spingerlo via.
Custodiscilo.
È l'unica responsabilità che vale la pena avere.
Solo tu puoi rovinare tutto.

Puoi vacillare, ma puoi sempre riconciliarti.
Troppi errori marciranno la vera essenza della sua purezza.
Quindi fai attenzione con quello che hai.
Il peggior posto dove chiunque può trovarsi
è quello perduto.

Piccole nullità

C'è molta perdita,
Perdita di amici
Perdita della gioventù
Perdita di opportunità
Perdita di quelle felici
Perdita di quelle tristi
Perdita

Le strade trasportano questa perdita con noi.
Volti alla ricerca di qualcosa,
un graffio
una cicatrice
una pugnalata
Qualsiasi cosa pur di farci sanguinare di nuovo con delle
sensazioni.
Perpetrata dalla dannazione del passato,
una bomba a orologeria controllata
dai media
dall governo
dalle scuole
dai capi
dalle fidanzate
dai fidanzati

Tutto ci porta via
da dove dovremmo essere.
Non c'è da meravigliarsi se non c'è stato dato
un pezzo di carta e una penna il primo giorno di scuola.

Perché, come sarebbe stato superficiale chiederci di
scrivere
disegnare
strappare
demolire la carta?

Per fare delle scelte,
questo è tutto quello che chiediamo.

Il cielo è pieno di stelle che hanno bisogno di un amico.
Sono in attesa di qualcuno che vi esprima un desiderio.
Sperando che quella che scegli non cada,
ipnotizzando le vie aeree prima che si disintegri,
un fuoco d'artificio intergalattico,
un nulla nero.

Com'è bello essere così soli.

Anche le esplosioni
all'inizio
ci riempiono di speranza.

Il giro del latte sulla 34esima Strada
(Astoria sta chiamando)

L'insegna della caffetteria è verde con le lettere gialle.
Mi manca,
il modo in cui si presentava,
con lo sfondo giallo,
le parole rosse.
Appena una settimana fa è diventata un'insegna di merda.
La preferivo in quel modo:
almeno la caffetteria sembrava invecchiata,
come se fosse una sorta di punto di riferimento.
Ora sembra nuova
e troppo lucida.
Le verdure utilizzate sembravano sospette,
avrei acquistato solo quelle che mi servivano.
Sarebbero durate un giorno,
forse un giorno e mezzo fino a che non marcivano.
Ora, con il rifacimento del negozio,
quelle verdure avevano un aspetto più fresco:
ancora un'altra illusione ottica della vita.

La lavanderia a gettoni Alpha è piena,
Non devo entrarci per capirlo.
Le finestre anteriori sono appannate.
Non riesco a guardare dentro,
ma so che ci sono monete sporche, ammorbidenti e cumuli di
cotone usurato che circolano all'interno della sauna.
Mi chiedo se qualcuno dei bambini ispanici
stia correndo lì dentro.

Aspetta, ce n'è uno.
Tendono a scappare dai loro genitori
e a giocare sul marciapiede.
Quando uno straniero si avvicina corrono dentro.
Guardano sempre lo sconosciuto
negli occhi prima di tornare dentro.
Sono stato fissato molte volte.

Grusko's è il ristorante più triste del mondo.
Non è colpa loro, però,
solo una triste scelta di posizione.
Non è così?

Non è proprio vero che Astoria, fondamentalmente New York,
sulla 34esima Strada,
quasi una traversa da Steinway,
è una posizione negativa?
Lo è.
L'enorme sala da pranzo è vuota.
Il cameriere lava lo stesso bicchiere dieci volte
per tutta la notte.
Non ha niente di meglio da fare.
Grusko fuma un grosso sigaro al bar,
il gigante greco con gli occhi delle dimensioni di un cappero.
Buon per lui, non potevi vedere la tristezza dentro di loro.
E anche se ci provavi,
anche se eri davvero vicino,
ancora non ne saresti stato in grado.
Il tuo volto bloccato da una nuvola di fumo.

Passo accanto a Willy.
Cerca di afferrare l'aria di fronte a lui.
Mi chiedo dove va.
È impossibile che si sieda fuori del Rite Aid per tutto il giorno.
Non è un brutto posto per essere un barbone, immagino.
Almeno si è vicini alle necessità essenziali.
Ha anche una rivista che usa per questioni personali.
Diedi una rapida occhiata solo per vedere che è interessato ai culi
neri.

Penso di dire 'ciao' a Willy, ma non lo faccio.
Chi lo sa cosa potrebbe fare o dire?
Mi sentirei obbligato a dargli del denaro, cibo, o un attimo del
mio tempo per ascoltarlo.
Quindi non inizio.
Se lo faccio una volta, dovrò farlo ogni volta.
Anche se non voglio,
Lo dovrò fare.
Non incolpo Willy.
No, non lo faccio
È umano.
È fragile.
Sta solo cercando di stabilire una connessione.
È proprio come tutti gli altri.

Si sa come va.
Una volta che qualcuno dà a un altro una possibilità loro ci si
aggrappano sopra.
Credo che non sto dando a Willy la possibilità.
Lo sforzo viene con una conseguenza personale,
ma non ho tempo adesso,
devo prendere il latte.

Quando ogni speranza è andata,
una piccola parte rimane in una fessura
dove hai dimenticato di guardare.

Tre sono una folla

In cima alla montagna.
Non sono più uno scalatore.
Sono in piedi sulla vetta.
Un'altra ragazza,
un'altra notte.

Poi cambia.
Il fascino si disperde
come le pozzanghere nelle fognature;
lentamente vagando per le strade,
cercando di trovare la via di fuga.

A volte è triste pensarla così,
ma anche l'acqua, l'acqua pura, diventa inquinata.

Ho cercato di diluire me stesso.
Non sono sicuro se ci ho provato abbastanza duramente.
Quelle ragazze stanno andando a farsi male,
lo stanno facendo.
La cosa peggiore:
sarà a causa mia.

Mi sento alla grande in questo momento,
ma presto
arriverà.

Tornerò alla base.
Sarò di nuovo felice.

La purezza nel nulla
viene da coloro che si stanno arrampicando.
Una volta raggiunta la cima
non potrai vedere le cose allo stesso modo.
Non potrai vedere gli altri,
vedi solo te stesso.

Uomo di ghiaccio

Quando la mia sicurezza soffre
Sono ghiaccio che si scioglie.
Vado
Giù
Giù
Giù.

Una pozzanghera.
Due occhi galleggiano,
speranzosi.
Spero di potermi ricomporre.
Farei qualsiasi cosa per essere di nuovo intero.

Il battito delle mie suole rallenta.
Ho bisogno di qualcosa,
qualsiasi cosa
per farmi alzare.
Scivoloso e affondato.

Calore?
No, non posso affrontarlo.
Evaporerei

a meno che le nuvole si raffreddano
e torno.
Piovono goccioline.
Irrompono come un disturbo sulle finestre di vetro,
fendendo
una lenta cavalcata di seta fino alla base.

Reggo di nuovo il mondo sulle spalle.
Tutto quello che mi serve è una notte fredda.
Mi ricomporrebbe.
E arriva sempre,
solo che non so quando.

Attraverso la strada
la mattina dopo.
Una pozzanghera.
Ci salto sopra.
Sembra che quel tizio non ce l'abbia fatta oltre il pranzo.

Una lettera di scuse che non valeva la pena inviare

Sto avendo delle grosse difficoltà. Voglio dire, so che ti ho appena incontrata e che a malapena ci conosciamo. Ma ho sempre difficoltà a trovare persone che non solo mi accolgono, ma che addirittura mi accolgono a braccia aperte. Tendo ad essere spesso da solo, sono sempre stato così. Credo che si tratti di un meccanismo di difesa: quando sei da solo, beh, non devi preoccuparti di essere ferito. Ma dopo averti incontrata, mi sento diverso. Stranamente mi sento come se tu mi conoscessi meglio della maggior parte dei miei amici, penso che questa sia una connessione; non la provavo da tanto tempo.

Le montagne russe emotive sono iniziate quando ti ho lasciata: "Finalmente, ho trovato qualcuno con cui mi sento a mio agio".

E ora, l'ultima volta che ti ho lasciata, "Perché è accaduto, perché, perché."

È normale essere prudenti, chiedersi chi diavolo sia qualcuno veramente. È ancora peggio quando si comportano come pazzi o commettono errori, perché siamo tutti vulnerabili e tutti noi vogliamo evitare di provare dolore. So che stai male dall'altra sera. Non posso spiegarti quanto male mi sia sentito. E mi sento male a volte per come deve averti colpito.

Per me, gli sbagli possono capitare: facciamo dei casini, ma ciò che mi disturba veramente è che se lasciamo cadere questa cosa potremmo entrambi perdere l'occasione di stare con qualcuno che ci potrebbe mettere a proprio agio. Ed è qui che ci si chiede, e so che, per te, la voglia di domandare è stata repressa, è stata schiacciata in una piccola fessura della tua mente.

Ma per quanto mi riguarda, il mio cuore batte ancora con stupore.

Siamo tutti alla ricerca di un po' di pace della mente e devo ammettere che, dopo averti incontrata non ne avevo ancora trovata: era troppo presto. Ero stato colto in preda all'eccitazione e all'ansia di tutto, di te, della tua grazia, delle cose che avremmo potuto fare insieme.

L'ansia è, come potresti dire, uno dei miei difetti. È difficile perché ero così ansioso di stare intorno a te, ma poi avevo paura di trovare qualcosa in te che mi avrebbe fatto allontanare, o che sarei stato qualcuno che non avresti voluto nella tua vita, o che avrei fatto qualcosa che avrebbe rovinato tutto.

Sono uscito con altre ragazze in città, e per essere completamente sincero, se qualcosa di simile fosse accaduto con loro, mi sarei sentito male, davvero. Voglio dire, sono cresciuto con tutte le donne, quindi so che ognuna di loro deve essere trattata con il rispetto e la cura che desiderano.

Proprio come te.

Ma, come dicevo, se questo fosse accaduto con qualcun altro, mi sarei scusato ma probabilmente l'avrei lasciata. Non avrei insistito per parlare di nuovo con lei. È diverso con te: lo so che ti ho appena incontrata, ma sono sicuro che sei uscita con molta gente per sapere quando si trova una buona connessione con qualcuno, qualcuno che conta, ci provi, se sei come me, a cercare di salvare quei rapporti perché sono rari, incredibili, e completamente spaventosi allo stesso tempo.

La settimana scorsa non mi aspettavo affatto questo. Ho quasi rischiato di non andare da Jerry e Matt, ma l'ho fatto, e ti ho incontrata. Per me, essere seduto sul divano e stare al bar Venerdì erano i momenti migliori: abbiamo parlato, abbiamo solo parlato. Ho difficoltà a parlare con le ragazze, a volte; tendo a rifuggire dal mio vero me e a fare il buffone della stanza. Quella notte, ho recitato di meno e invece mi sono aperto molto rapidamente e sembrava che avessi fatto lo stesso con me.

Questo è qualcosa ed è / era / sarà molto speciale per me.

A parte questo, ovviamente penso che tu sia estremamente attraente e sensuale, spero che anche tu lo sappia. Questo è un aspetto importante di tutto ciò. E penso che la mia svista qui potrebbe essere stata fuorviante. Non avrei voluto che lo fosse: è stato per un puro e genuino rispetto verso di te. Non avrei mai voluto farti sentire come se presumessi di avere il privilegio di toccare il tuo corpo.

Mi dispiace per la lunghezza di questa lettera, ma questo è il modo in cui tendo a far uscire le mie emozioni: di notte, da solo, quando le mie distrazioni quotidiane svaniscono e sono finalmente in grado di riflettere sui miei sentimenti.

Non so dove ci troviamo. Voglio dire che abbiamo appena iniziato a camminare ma se mi avrai, vorrei tornare indietro e lentamente tornare in pista fino a correre insieme.

Con rammarico sincero e una visione ottimistica,

Joe.

*Un notebook rilegato in pelle
non è necessario per essere creativi;
una penna e dei fogli di carta
funzionano altrettanto bene.*

L'uomo che ero

Essere sincero con se stesso,
questo è tutto ciò che un uomo può fare
o chiedere verso di sé.

Senza questo,
beh, si sta solo interpretando un ruolo.
La parte di qualcun altro sostituisce il tuo desiderio.

Quando ti guardi negli occhi
assicurati di vedere l'uomo che dovresti essere.
Questa è l'unica cosa al mondo
sulla quale hai il controllo

Lo è davvero

È l'unica cosa che puoi tenere sacra

Spero di poter essere di nuovo vero, sì, ho fiducia in questo.

Netflixinitis

La società non è mai stata così tanto un'osservatrice.
Fissando inutilmente dei dispositivi.
Un hobby basato su una distrazione.
Un riempitivo per il pensiero.
"Devo vedere il mio show."

L'intrattenimento non ha nulla a che fare
con la fedeltà all'osservazione.
Viene da coloro che sono ispirati
ad essere più grandi di loro stessi
attraverso i mezzi che li chiamano,
e non dall'animosità di quelli che hanno
osato provare
osato fallire
osato avere successo

Ebbene sì, gente,
è
difficile
pauroso
e i lupi vi mangeranno

Non guardate il prossimo episodio,
createne uno.

Danzando con le parole

A volte conduco io.
A volte conducono loro me.
La struttura della frase è l'ultimo dei miei problemi.
Anche se potessi studiare la loro forma per sempre,
mi farei ingannare.
Le dita dei piedi e le schede pizzicherebbero.
Così io lavoro con le parole,
arrivo a conoscerle.

Sottometto il mio entusiasmo in base
a dove la danza può portarci.
Perderei se solo io la conducessi.
Le parole sono importanti tanto quanto la mia intenzione.
Sono state create per aiutarmi a parlare.

Così seguo il cursore.
La pagina bianca si riempie.
Ogni passo in avanti sembra
proprio come un colpo di scena.
Una sequenza salta fuori e si costruisce.
La nostra recita contribuisce a creare una meravigliosa...
Storia.

E una volta che è conclusa,
quando le parole ed io ce ne andiamo,
la danza rimane sulla pagina.
E dura per tutta la vita.

Beviamo il drink e spariamo alla merda.

Chi lo trova se lo tiene

A volte vorrei non avere proprio nulla.
Sarebbe più facile così.
Nessuna bolletta
Nessun appartamento
Nessun lavoro
Nessun amico
Nessuna ragazza
Nessuna ambizione
Nessun impulso

Se non hai niente, allora puoi essere libero.
Forse non è così bello come sembra.
Questo è il problema immagino.
È tutta una questione di urgenza nel sapere.
Quella parte ci prende totalmente.
Una volta che perdi tutto
lo vorrai indietro.

È per questo che dobbiamo credere in quello che abbiamo.
Ma è abbastanza?
Sembra che si tratta di una battaglia impossibile da vincere.
Ma come tutti gli altri,
non so come far nulla,
ma mi aspetto di aver tutto.

Promozione

La revisione è andata alla perfezione.
Abbiamo agito esattamente come avremmo dovuto.
Nessuno si ritrasse mentre le chiacchiere banali
annullavano i miei riconoscimenti mediocri.
L'integrità del centro
echeggiava come iene che ridono.
Una cadenza inebriante di stronzate.
Stronzate, sì, pure stronzate.

Promozione

E mi sono seduto, ancora una volta, dando per scontato di
lavorare per qualcuno che non gliene frega un cazzo di me.
Ma io lavoro.
Ho bisogno dei soldi.
Ho bisogno di fare qualcosa.
Mi sto avvicinando al compiacimento e ci sto cascando.
Ma questo lavoro non significa qualcosa?
Ho bisogno quella sicurezza,
un lavoro,
qualcosa che definisce la mia esistenza.
L'obiettivo di un altro anno:
buona condotta.

Promozione

Calcolato dalla mente di scoregge arroganti,
l'amministratore delegato e i suoi scagnozzi, l'algoritmo del
merito:
il valore di un uomo ripartito in statistiche,
il valore di un uomo abbattuto dal denaro,
il valore di un uomo, nonostante i suoi conflitti, nonostante la
sua integrità,
il valore di un uomo sminuito da coloro
che sono più piccoli di lui.

Promozione

Falsamente benedetto dalle mie insicurezze,
innamorato del miraggio,
fuorviato dall'accettazione del falso.
È veramente importante sentire di appartenere a qualcosa?
Il restare da solo non giustifica i mezzi?
Il valore di un uomo, per se stesso, non significa già qualcosa?
I pixel filtrano sullo schermo, uno spettacolo di colori crea le
immagini.
Guardo le immagini.
Guardo l'orologio:
mancano 364 giorni,
a meno che questa non sia l'ultima volta,
a meno che non lo faccio per l'ultima volta.
Ma non saprei come farlo per l'ultima volta.
Così, fino al prossimo anno.

Promozione

Compagnia transitoria

Alcuni se ne andranno.
In realtà, la maggior parte se ne andranno.
Lo so che è scoraggiante.
Il movimento della vita mondana
è meglio in compagnia di amici.
Il più grande degli eventi che sogni per te stesso
non potrà mai essere paragonato alla sincerità di un'esperienza
condivisa.
Finirà
e sarai arrabbiato.
Ti augurerai di non aver mai passato dei momenti così belli
insieme.
Farà male come il peggior mal di stomaco tu abbia mai avuto.
Ti posso dire di non essere duro,
ma conosco quel dolore.
Da solo per lungo tempo.
Chiedendomi
perché tutto fosse cambiato,
perché tu fossi cambiato?

Stiamo conducendo una vita basata su un lontano ricordo.

Lanciando la lenza per catturare qualcosa che sembrava perfetto.
Ma nulla è perfetto.

La compagnia torna da coloro che sono disposti a lasciarla
entrare.
È solo una questione di tempo prima che tu sia di nuovo in
mezzo a loro.
Ti senti di nuovo intero.
È quanto basta per farti continuare ad andare avanti.
È quanto basta per far continuare ad andare avanti i tuoi amici.
È quanto basta.
E tu sei fortunato ad averne un po'.

I momenti folli
ci ricordano
che non importa quanto si metta male,
la magia sta aspettando.

Sognare da svegli

Stavamo ridendo tutti.
Le ore passavano tanto lisce quanto il Cabernet.
Continuavo a girare,
pietrificato appena si attaccò intorno alle pareti del mio bicchiere,
le gambe del liquido che strisciano in basso
verso il Mar Rosso del mai più.

Arrivano le ragazze europee.
L'ultima volta erano spagnole,
e la volta prima erano russe.

Non riesco a ricordare nulla di ciò che hanno detto.
Il fumo di sigaretta non permette
di leggere le labbra.
Il dialetto locale confonde.
Presto, suonano tutti uguali.

È così ogni notte.
È stato così per gli ultimi tre anni.

"Il prossimo giro lo pago io!"
Il prossimo, prossimo giro, quando sarà, lo pagherò io.
Non importa se qualcuno chiede il permesso di usare la mia
scheda.
Non ricordo l'ultima volta
che dissi: "No".

E così la notte scorre.
Dormiamo mentre siamo svegli,
vivendo nelle tenebre,
una realtà cocente basata su una vibrazione.

Di mattina,
proviamo a ricordare qualcosa.
Qualcosa di ciò che abbiamo vissuto.
Qualcosa di ciò che abbiamo dimenticato.
Qualcosa di ciò che abbiamo sognato.

Ma sta diventando sempre più difficile
capire la differenza.

Andare verso la musica

Ci sono alcune canzoni che ti fanno piangere.
Ci sono alcune canzoni che ti fanno ridere.
Ci sono alcune canzoni che ti fanno rilassare.

Ma,
quando una canzone ti colpisce,
quando crea un senso di sollievo,
come se sollevasse i pesi della vita,
una tempesta si raffredda al suo interno,
cade un acquazzone,
appare un arcobaleno,
cristallino,
una visione straniera di bellezza.

C'è una canzone là fuori.
Ascolta.
Schiaccia su 'ripeti'.
Chiudi gli occhi.
Lascia che i sogni di ieri
o quelli di 5, 10, 20 anni fa passino in mezzo.
Una serena solitudine.
I seguaci delle folle cercheranno solo
di cogliere qualcosa di simile.

Sii da solo con la tua canzone.
Lascia che la melodia si infiltri nelle vene del tuo corpo.
Il sangue che scorre in ogni parte
del tuo corpo.
L'ossigeno farà entrare vita nuova.
La calma della libertà distrugge la conformità.
È l'unica cosa che continuerà a tenerti in vita a volte.
Non c'è niente di meglio che lasciar andare.

Non dire gatto se non ce l'hai nel sacco

Non lo vorrai sentire.
Non lo vorrai davvero.
Sì, penserai che vorrai sentirlo.
Hai lavorato così duramente.
Hai tentato di impressionare tutti.
Ma non lo vorrai sentire.

L'ho sentito molte volte.
Ho sentito l'euforia,
l'accettazione,
la dolce serenità del tutto.
Ho sentito il cielo.
Ho stretto la mano alle nuvole.

Ma non lo vorrai sentire.
È una bazzecola, si sa,
un complimento.
È mangime di mais.
È il loro modo di dirti che sei sotto di loro.
Ma io non mangio più mais.

Non ne ho bisogno.
Non lo voglio.
So quello che ho.
So che è oltre le loro capacità.
Lo so
Lo so

Lo saprete.
Non ascoltarli.
Non fare affidamento su di loro.
Non cambiare per loro.
Ascolta,
ma solo te stesso!

Hai
i beni
la passione.
Hai tutto.
Hai sempre avuto tutto.
Inizia ora.
Ricomincia.
Inizia e basta.
Fallo subito e basta!

Aspettare ti farà solo rinunciare.
E se aspetti,
non parlarmi più.
Io non ho bisogno di diventare come il resto.
No.
Non lo sai.
Fallo e basta.
Non fermarti fino a quando è finito.
Non gongolare che è quasi finito.
Non lodare te stesso finché non sai che è finito.
Già finito!
Finito.
Dannazione!
Finito.

Mentre lo fai sarai triste.
Non vorrai farlo.
Non vorrai finirlo.
Era tutto per te.
Era una parte di te.
In quel momento saprai che è giusto.
In quel momento vedrai che tutti i coglioni e gli stronzi
erano solo degli idioti tutti insieme.
Loro non potrebbero mai fare
ciò che hai creato.

Che si fottano.
Che si fottano tutti.
Semplicemente credi che tu e solo tu puoi farlo, cazzo.
Perché sei nato per farlo.
Sei stato creato per farlo.
Dopodiché,
non dire una parola.
Stai in silenzio.
Sappi che è finita.
Non importa se qualcun altro lo sa.
Non importa.
Davvero non importa.
Importa solo a te.

Non posso parlare senza una voce.
Non posso ascoltare senza sentire.
Non posso sentire senza scrivere.

Nervoso

Si alza di nuovo.
Il mio cuore sta pompando.
Il fumo sta uscendo fuori dalle mie orecchie.
Il mio respiro è forzato.
A volte vorrei che il fuoco potesse essere calmato.

Ma sarà sempre lì:
il lavoro
le donne
il fottuto blocco dello scrittore
anche la cazzo di metropolitana

C'è sempre qualcosa.
Potrei lasciare tutto immagino.
E allora,
l'ansia,
la delusione,
e l'insicurezza se ne andrebbero.
Suppongo che sarebbe la via più facile,
il modo più semplice per scappare dalla frustrazione.

Il mio stomaco potrebbe calmarsi come un lago,
e non sbatterebbe più con le onde rumorose.
Troverei la pace della mente.
Potrei finalmente dormire
e dormire.
Solo dormire.

Ci sarebbe più freddo poi.
Non avrei il lavoro.
Non vorrei avere le donne.
Non avrei bisogno di scrivere.
Io sarei freddo.

Non voglio congelare,
anche se stare al caldo mi fa perdere tutto.
E così,
si alza,
come fa sempre.
Non c'è nulla che io possa fare al riguardo.
E così,
continuo a scrivere.

Il guaio a New York

New York può essere un vero e proprio buco di merda.
Voglio dire, che dovrebbe fare un ragazzo?
Se è in cerca di guai non ha bisogno di guardare lontano.

La maggior parte delle volte saranno loro a trovare lui.
La città si nutre di questo,
in un certo senso se ne beneficia.

I guai,
penso che è di questo che si tratta.

Sto scrivendo questo alle 6 del mattino.
Ancora non riesco nemmeno a guardare fuori dalla finestra.
Scherzi a parte, l'ambulanza si è appena fermata
di fronte al mio appartamento.
Luci rosse e blu danzano sulla mia faccia.
Sono una distrazione.

I guai
ed altro mi staranno attendendo.
Tanto vale fare una doccia prima.
No,
cazzo.
Non me la sento oggi.
E inoltre,
chi potrebbe riconoscere la differenza?

Occhi

Si sedette di fronte a me.
I suoi occhi erano perle d'ombra
che brillavano blu contro la luce.
C'era tanto in quegli occhi.
Vidi tanta speranza fin dall'inizio.

C'erano altre cose.
Vidi momenti di tristezza.
Vidi momenti di dolore.
Vidi ferite in quegli occhi.
Quello che ho visto di più è stato un senso di protezione.

Sapevo che stava considerando di lasciarmi entrare,
ma ci sarebbe voluto del tempo,
una piccola apertura.
Spuntava ogni tanto.
E mentre i miei occhi si spalancavano
potei vedere che i suoi occhi diventavano meno accoglienti,
come porte di un castello.

Non era sicura di volere che vi entrassi.
Le guardie erano pronte.
Sapevo che non ce l'avrei fatta stasera.
Mi andava bene,
non ero pronto a tendere un'imboscata.

Forse avrei potuto provare la prossima volta,
o forse questa era l'unica possibilità che avrei avuto.
Avrei voluto raggiungerla.
Ma non spettava più a me.

Mentre se ne andava,
c'era un ultimo ricordo.
Lei che scioglie i capelli neri legati
e si guarda indietro.
Vidi l'azzurro dei suoi occhi crescere.
Non ero più lì.
No.

Se avessi aspettato,
lo sarei stato,
lo sarei stato presto.

Le gocce istigano la follia,
me ne basta una grossa
per farmi impazzire!

Mettersi in gioco

(Successo appena scoperto, giustificabili cattive abitudini)

"C'è qualcosa di quel tipo"
"Ha davvero tutto sotto controllo"
"Quando entra nella stanza, l'intero stato d'animo cambia"

Ho sentito dire queste cose su di me.
Immagino che sia quello che pensano di me.
Ci può essere anche un po' d'invidia.
Ma per quanto mi riguarda,
sono il ragazzo che pensano che abbia tutto sotto controllo.
Bene,
li invidio.

Non devono preoccuparsi
o camminare in una stanza sentendosi malati,
spaventati di rovinare tutto.
Ogni sorso che faccio è seguito
rapidamente da un altro.

Non posso fare a meno di sentirmi fuori posto.

Forzo un sorriso e continuo le chiacchiere
per tutta la stanza,

Non voglio rovinare tutto

Spero davvero di non farlo.
Sorso
Sorso, sorso
Sorso, sorso, sorso.
Va bene ragazzo, stai andando bene.
Sta scendendo la nebbia
e dovrei essere in guardia
Ma non lo sono.

Qui è dove gli eroi si trasformano in cattivi.

Vengono scambiati abbracci e baci sulle guance.
Sono aggrappato all'ultimo bicchiere.
I baristi sanno il mio nome, ormai.
Fanno un'eccezione alla regola e versano un ultimo hurrah.
Vorrei che non lo facessero,
ma non è colpa loro.

Li ho ingannati,
o forse sto cercando di ingannare me stesso.

Cammino nella notte fredda.
Piene strade affollate.
La città appare come sempre:
un cocktail di due veleni misti,
speranza e disperazione.

Il taxi giallo arriva e mi prende.
Potrei andare da Tuttles.
Shane avrebbe il Malbec pronto per me.

Lo considero,
ma sono bravo stasera.

Sono fortunato stasera.

Torno ad Astoria.
Torno da me stesso.
Lo spettacolo è finito.
Il sipario si è chiuso.
Mi siedo nel mio appartamento.
Sono contento.
Mi sento a mio agio.

Il prossimo spettacolo è domani.
Devo essere pronto.
Spero di colpire le battute.
Spero di potermi adattare.
Spero di non deluderli.

Spero di poter rimanere l'eroe.

Stagno

(Paradiso dell'alcol)

C'è un fascino,
una tentazione.

Uno stagno.

Pensiamo che sia facile farvi un passo dentro.
Così da toccare l'acqua.
Ci piace la sensazione.
È insolita.
Ci sentiamo come se facessimo parte di qualcosa di grande.

Il più grande splendore.

Gambe immerse.
Cinta immersa.
Sempre più giù.

Così in profondità da essere consumati.

Se siamo fortunati, ci ricordiamo.
Saltiamo su.
È solo allora che possiamo respirare di nuovo.

Così abbiamo fretta di uscire.
Asciutti, siamo a nostro agio.
Tremando, guardiamo.

Il fluido luccichio dell'acqua si increspa come seta.

È una canzone per pochi.
Si affacciano per sentire meglio.
Sembra così bella.

Impervi, ci dimentichiamo le nostre inibizioni.

Fingiamo di credere che lo stagno ci dia quello che ci serve,
tutto quello che abbiamo sempre voluto.

Così facciamo il primo passo.
E poi, il prossimo.
E il prossimo.
Sentiamo sempre di più la gravità dello stagno.

Proprio come l'ultima volta.

Un giorno smettiamo di muoverci.
Il nostro ultimo respiro ci lascia.
Sopraffatto dalle circostanze.
È allora che la riva non sembra così piana.

Se solo non ci avesse permesso di annegare.

Se avessimo saputo ammirare lo stagno da lontano.
Saremmo potuti rimanere tranquillamente a terra.

Fuoriuscita di caffè

Una ragazza sul treno rovescia il caffè,
tutto intero.
Una pozza di prodotto, marrone fagiolo
mescolato con la crema.
È tra i suoi piedi.
Guarda avanti verso gli altri passeggeri
come un massiccio fiume disteso
come le radici sotto un albero.
Le punte dei piedi vicino al bordo della caffeina.
La ragazza si siede con una faccia da stronza.
Guarda di lato,
si sistema meglio gli occhiali sul naso.
Gli altri lanciano occhiate.
Si comporta come se non se ne accorgesse,
sceglie allora di non prendere lo zucchero
come la miseria con cui ha a che fare oggi.

Sii te stesso, sii migliore e sii bello.

Se devi

Se devi dirglielo, diglielo davvero.
Se il tuo cuore sta battendo
perché le vene sono in subbuglio con esso,
allora diglielo.
Se deglutire il cibo dovesse essere difficile,
diglielo.

Se non sei sicuro,
non dirglielo.
Se hai intenzione di dirglielo
perché questo ti metterà in una buona posizione,
non dirglielo.
Adagiarsi tarpa le ali.
Troppi uomini, pronti a volare, rimangono a terra.

Lei non vuole l'adesso, lei crede nel per sempre.

Ma se glielo dici, sii preparato.
Potrebbe non parlarti di nuovo.
Potrebbe non essere pronta.
Ma se hai intenzione di dirglielo, dillo.
Dillo.
Dillo prima che qualcun altro lo faccia.
E ci sarà qualcun altro.
Stanno in agguato in questo momento,
immaginando la tua ragazza.
Dillo,
se davvero ne sei convinto.

Se lei decide di andarsene dopo che glielo dici,
lasciala.
Non lottare per parlarle di nuovo.
Non essere convincente.
Lei sa quello che hai detto.
Lei sa che cosa volevi dire.
Lei aspettava di sentirlo da tutta la vita.
Corri il rischio però.
È l'unico bene che avrai.

Ma perché correre il rischio?
E se non rispondesse?
E se rispondesse?
E se lo fa?

Lascia che le tue ali possano sbattere.
Il tuo cuore si slancerà.
La tua visione sarà chiara.
Tutto sarà pura euforia.
È meglio
dei soldi
della fama
o dell'avere una bella donna...
che non è mai pronta a librarsi.

Se lei lo dice,
è necessario proteggerlo,
è necessario custodirlo.
Perché dopo che glielo dici,
devi dimostrarglielo.
E dimostralo!
Se non lo fai,
tutto sembrerà una bugia.

E se menti,
la renderai più difficile ai ragazzi come noi.
Ci renderai più difficile dirglielo.
Quindi, se devi dirglielo, sii pronto a dimostrarglielo.

Santa merda

Cerchiamo di correggere gli errori,
gli errori che abbiamo fatto oggi,
quelli fatti ieri,
e quelli peggiori,
gli errori profondamente radicati
radicati giù sotto le nostre pance,
che tornano a noi
nei momenti in cui abbiamo pensato di averli dimenticati.

Ha senso volercene sbarazzare.
Purificati
Salvati
Come una religione, immagino.
Una fonte di fede.

Ma io non credo in potenze superiori.
No, penso che sia una truffa.
Un modo per capitalizzare le forti emozioni dell'umanità.
Un espediente per la salvezza del mercato.

C'è solo una persona che può salvarti,
e,
recitando scritture o tenendo le mani giunte non collegherà lui,
lei, esso, a te.
È una scelta mentale.
Che viene dal perdono di se stessi.
Che non richiede una sorta di manifestazione della devozione.
Potrebbe avvenire mentre
ti lavi i denti
o mangi un hot dog,
o, diamine, mentre guardi una merda di cane.

Sì, sei stato creato da un miracolo,
ma quelle persone o santi enigmi non ti rendono chi sei.
Né influiscono
sulle tue decisioni,
sulle tue convinzioni.

Gli errori verranno.
Si accumuleranno proprio come vuole la vita.
È tua la scelta di andare avanti.
Solo tu puoi prendere la scopa
e spazzarli via.

Piuttosto imperfetto

Alcune persone possono essere così meravigliosamente
imperfette.
Può essere difficile dirlo in un primo momento.
Deve essere difficile per loro.
Scommetto che desiderano che qualcuno li aggiusti.
Chi conosci
che potrebbe mai ammetterlo?
Nessuno, credo.
Vanno avanti eleganti come sempre,
chiedendosi come sono arrivati lì.
Come fa qualcuno ad arrivare lì per primo?
È triste, davvero.
Ma si svegliano ad un nuovo giorno,
incongruamente vivendo all'interno dei riconoscimenti della
società,
con le loro inutili impressioni,
ma tuttavia, carine da morire.

Non voglio
ascoltare storie,
voglio
raccontarle.

Foglie

Mi piace essere triste... a volte.
È l'unico momento in cui so di avere ancora un impulso.

Un'emozione forte può essere altrettanto appartata come
l'umiltà.
Sepolta sotto montagne di foglie autunnali,

in attesa del bacio dell'inverno,
foglie ghiacciate sotto i fiocchi,

nascoste da ogni soggettività,
appaio come tutti gli altri.

Aspetto la primavera,
la tristezza.

È consentito sciogliersi,
le foglie si sono sporcate.

È tempo di rastrellare.
Posso vederlo chiaramente

fino al prossimo autunno,
e l'autunno è sempre più vicino.

Bicchiere rotto

Ho dimenticato di mettere il bicchiere sporco nel lavandino.
Maledizione! Sono seduto sulla mia poltrona,
pronto a guardare un film.
Dovrei prendere il bicchiere.
Io davvero non ne ho voglia.
La mia mente fluttua agli impegni di domani,
gli umili compiti che ci scoraggiano,
accatastati, in attesa della pala.

Il maledetto bicchiere mi fissa.
Si trova sul ripiano del carrello del bar in alto a destra.
Non è un grosso problema
ma lo sto usando
come una scusa per tutto il resto.

A volte vorrei avere il coraggio
di raccogliere il bicchiere e lanciarlo contro il muro.

Sai, un modo per far uscire un po' di vapore.
Mi piacerebbe guardare il cilindro effervescente scivolare
attraverso l'aria verso il muro e frantumarsi con il suono dolce che
il vetro fa quando si rompe.
Un tonfo, uno schianto e un campanello.
Perle di vetro cascherebbero sul pavimento, ognuna creando una
sinfonia di toni,
una melodia unica per le forze
di ansanti schegge cristallizzate.

Vorrei avere il coraggio di fare un sacco di cose.

Ma ho già abbastanza di cui preoccuparmi.
Prenderò il bicchiere domani prima di andare a lavoro.
Se me lo dimentico, me ne occuperò dopo.

Giovane compagnia

Mi circondo di giovane compagnia
per dimenticare la mia fragilità.
L'invecchiamento non è qualcosa di cui ho paura.
Sono gli effetti dell'età che mi preoccupano.
Ho paura che mi dimenticherò cosa vuol dire essere vivace.
Così mi circondo di giovane compagnia.

Loro non sono pietrificati dai disordini.
C'è ambizione dentro le loro anime.
Loro non sono stati delusi abbastanza da sentirsi in colpa.
C'è una comunità inerte
e galleggiano perfettamente come nuvole nel cielo,
adiacenti allo sfondo blu vibrante
come ciuffi bianchi di pura innocenza.

Mi sto avvicinando ai 30.
I miei capelli si sono assottigliati.
Diamine, so che presto li perderò tutti.
La mia pancia si allarga più rapidamente rispetto al passato,
i postumi di una sbornia durano molto più a lungo di un giorno,
ma questo non attraversa le menti della giovane compagnia.

Anche se scherzano circa la mia età,
e anche se sembro il ragazzo raccapricciante
che ha bisogno di crescere,
sanno che è diverso.
Lo vedono nei miei occhi.
Il delirio senza paura di un uomo che fa pressione,
rifiutando di lasciare che il mondo lo raggiunga.

Quando vedo un cambiamento nei loro occhi,
in genere quando è meno atteso,
quando l'arrendersi sorpassa la lotta,
quando gli urlatori smettono di gridare,
in quel momento devo trovare una nuova compagnia.
Non posso stare accanto a nessun altro.
Non posso.
Proprio non posso.

Starò sempre intorno a giovani amici.
Io vivo grazie al loro fervore per il caos.
Faccio fatica ad essere più controllato,
perché anche con la mia saggezza,
non posso fare a meno di ritrovarmi in mezzo alla loro
sregolatezza,
della quale sono scusati per la loro ingenuità.
A volte, anche quando so
che dovrei rispettare le regole della società,
mi inganno, volendo sentire di nuovo
un senso di invincibilità.

Mi illudo.
In caso contrario, ne resterebbe ben poco.
Sarei diventato proprio come quelle persone che guardano
indietro.
Avrei deciso che quei tempi sarebbero passati.
Ricorda...
Non vorresti essere in giro se accadesse.
Non potresti mai sopportare la vista dei miei occhi tristi.

Così mi aggrappo.
L'emozione della scoperta supera
il raggiungimento della destinazione finale.
Ed è per questo che mi ritrovo attorniato da giovani compagnie.

La storia non finisce mai.

Ognuno è un po' falso,
ricordatelo,
e andrai lontano.

Il sole uscirà domani

Come il cupo cielo coperto,
una coltre di grigio nasconde facilmente la mia forza d'animo.
Oggi mi sono svegliato ad un cielo limpido.
Il sole splendeva sul mio viso.
Non volevo nascondermi più.

Scappando dalla follia che è in me

(Radicali momenti di malinconia)

Credo che tutti noi possiamo essere egoisti,
ma porca miseria,
ha senso?
Il mondo, la nostra vita,
tutto può essere una vera merda.

Mi sveglio a volte sperando di non riuscire più a odorare o a
sentire i sapori.
Sarebbe meglio così:
non dovrei imbavagliarmi
sui feromoni maleodoranti di disperazione, di inganno e di
aspettative disattese.

Spero che ci saranno giorni più soleggiati.
Sì, sono consapevole di quanto sia drammatico questo passaggio.
Odio scriverlo,
ma sto avendo un momento di crisi.
Un momento
di merda!
Fanculo!

Andando verso il Queensboro Bridge,
Crescent Avenue è sempre sul mio percorso.
Continuo costantemente.
Cammino da solo.
Sono felice di questo.

Non voglio che nessuno mi veda in questo modo.
Mi viene da piangere in questo momento; lacrime lecite si stanno
formando.
Non dovrei, non lo farò, ma per qualche motivo lo voglio troppo.
Se qualcuno mi avesse visto così,
non avrebbe voluto mai più starmi attorno.

Ma perché?

Non ci sentiamo tutti depressi a volte?
Sì, ma col cavolo che diciamo nulla a riguardo.
Sto prendendo un respiro profondo.

Io corro e la mia mente sta seguendo il passo dei miei piedi.
Sto bene, sto bene.
Per adesso.

Questo è il meglio che posso fare.
Questo è il meglio che chiunque possa fare.
I miei piedi toccano appena il pavimento,
ma si sentono di poter ancora continuare.
E non sono sicuro
che mi interessa
per quanto.

Il cibo greco vicino la fermata Astoria-Ditmars

Il cibo sembra lo stesso.
Sono stato qui più di duecento volte.
Non so cosa sia, ma oggi, è diverso.

Darei qualsiasi cosa per camminare sotto il cielo di luci,
tenendole la mano,
anche se sono sicuro che...
Ma forse mi sbagliavo.
Non mi interessa più chi ha ragione.

Vedo le cose in modo diverso.
Sono un fuorilegge ciclico in attesa del prossimo brivido.
Ora, sono più sicuro,
o almeno sto cercando
di convincermi che lo sono.
È facile cadere per una fantasia.

Posso muovermi così velocemente.
Le mie mani possono afferrare così tanti pezzi,
e voglio afferrare lei.
Forse lei è l'unico pezzo di cui ho veramente bisogno alla fine.
Almeno quando lei è vicino a me, il cibo ha un sapore migliore.

Le poesie
esprimono valorosamente
l'ambiguità
della vita.

Esaurimento tamponato in presunzione

(Glassato da incongruità)

La cosa più grande da sapere è che sei al sicuro.
Ma è sicuramente difficile sentirti in quel modo.
Un presupposto formato da un'illusione.
Cadi vittima di esso.
Lentamente, ne riaffiorerai,
non più ingannato dalle illusioni.
Tutto molto presto diventa uguale per tutti:
una dissonanza disperata
che entra nella fragilità della tua insicurezza.
Vittima dell'inibizione,
puoi sfidarla.
Dovresti, ma è esasperante,
la tua fiducia è paralizzata dalla paura residua.
La paura emergente mostra i denti.
Sarà l'unica cosa che sorride,
umiliata dalla mente del disfattista.

Tra le linee

Ogni cosa ha il suo inquadramento,
strutturato per adattarsi esattamente come dovrebbe.
Non sono mai sembrato uno di quelli che rimane all'interno delle
linee.
Ma credo che, a volte, sia necessario.
C'è una smorfia che accompagna questa conformità.
Le linee nere non sembra che guidino.
No, invece limitano,
un ostacolo che ti spinge verso la follia.
Verso l'alcolismo
Verso la solitudine
Verso la scrittura

Spostati in un luogo lontano
da coloro che vivono con i limiti.
Se solo si fossero avventurati nei circostanti spazi bianchi.
Abbi il coraggio di andare lì.
Non lasciare che la paura ti metta in gabbia,
come la tigre allo zoo,
una bestia che ha la capacità di ruggire.
Una bestia, quando incatenata, guarda e basta.
Sogna un giorno migliore.
Sogna di svegliarti.
Sogna di essere diverso.
Getta via tutto ciò che ti lega.

Ci vuole una bestia selvaggia per essere liberi,
e la maggior parte di noi ha la capacità di urlare.

Bloccato

Tu non sei bloccato.

So che durante la quotidianità vedi te stesso
in posti,
in lavori,
o con qualcuno che non ritieni buono.
Puoi pensare di non poterne uscire.

Tu non sei bloccato.

Puoi uscirne.
Puoi spostarti.
Puoi lasciare.
Puoi tagliare i ponti.
Tu sei l'unico che può prendere questa decisione.
I guai del cambiamento sono l'unica cosa
che ti trattiene.
Gestisci questa opportunità.
Trova la corsia aperta.
Tira fuori la mappa.
La vita è una strada caotica.

Non è mai troppo tardi per ricominciare.

La religione è una truffa:
dovrebbero dare i soldi per una buona causa.
Ma poi, di nuovo,
quella probabilmente potrebbe essere un'altra truffa.

Il tintinnio interno

Tutta la mia testa
brucia per i troppi pensieri
impossibili da comprendere per qualsiasi uomo,
non scelgo né mi concentro su di uno.

Solo un'abbondanza di potenzialità
misto ad altro opacizza la mia visione.
Lo stimolo di oggi crea un nuovo tintinnio per la tempesta.

Ricondotto al punto di partenza

Il treno A rombava sui binari.
Rockaway non era in vista,
ma ci stavamo avvicinando a Utica Ave.
Ero ansioso.
Non ero nemmeno sicuro di voler essere lì.
Sorseggiai il Beck dalla
grande tazza del Dunkin Doughnuts Coffee.
Mi rilassò.
Non mi interessava nemmeno che stavamo viaggiando
da oltre due ore e mezza.

Mi sedetti scosso dalla notte prima,
il quattro di luglio.
La bestia nel cielo rideva la notte scorsa.
Era tutto così confuso per me.
Sembrava che il cielo fosse in fiamme.
Guardai dalla veranda di uno sconosciuto.
Fui miseramente affettuoso per tutto il tempo.
I messaggi e le telefonate.
Il desiderio di essere con qualcuno... chiunque
Ma non mi unii a nessuno la notte scorsa.
Pensavo a come la ragazza
che volevo ci fosse non c'era,
e a come le ragazze che mi hanno voluto
hanno provato la stessa cosa.
Non mi conoscevo.
Ho paura del cambiamento.
Essere sul punto di diventare un uomo
pesava su di me.
Il decennio di caos abbandonato
è giunto al termine questa estate:
le feste, il bere, le ragazzate,
il disprezzo imperturbabile per la costituzione,
la lotta che non guadagna vittoria.

Cynthia non lo sapeva,
ma lei mi ha ricordato tutto questo
mentre eravamo sul treno,
e lei non sapeva che la stavo portando in un luogo che incarnava i
miei vent'anni.

La gioventù detiene una certa visione che va a perdersi
in coloro che le resistono.
Stavo imparando quanto resistetti a molte cose.
Alle mie opportunità
Ai miei amici
A me stesso
Li ho ripresi di tanto in tanto
ma sembrava più facile solo buttare via tutto.

Broadway Channel e poi dovevamo cambiare.
Cynthia si lamentava del suo ragazzo.
Ascoltavo,
ma mi resi conto che stava parlando di uno come me.

"Uomo" è un pensiero spaventoso per i ragazzi.

Non è carino essere un ragazzo per sempre,
non importa quanto duramente ci provi.
Forse ero troppo duro con me stesso.
O forse stavo di nuovo andando per conto mio.
La svalutazione di se stessi può essere facilmente alleviata
se ne sei convinto.
Il pungiglione dura solo fino a quando non lo togli.
Rimane il dolore però.
Io, in particolare, sembravo essere incline ad ulteriori attacchi.
E non volevo che smettessero.
Ero abituato.
Io, beh, credo che ne avessi bisogno.
Almeno allora mi avrebbero ricordato
che non stavo diventando vecchio e noioso.
Ho bisogno di uno stimolo, una persona o una situazione
per affrontare ogni momento della giornata.
Poi, quando mi sarei svegliato con la sensazione viscerale di
apatia, avrei ridotto completamente il mio coinvolgimento.
Fino a che non l'avessi sentito di nuovo.

È per questo che siamo andati a Rockaway.
ho sempre sentito qualcosa lì.

Avere un aspetto orribile

Entrai a lavoro stanco
e quel che è peggio
era quanto sembrassi stanco.
Non riuscivo a nascondere le quattro ore di sonno.
L'allarme in ritardo.
La mancanza di pelle rasata.
"Ti ucciderai se non ti rimetti in salute."
Grazie, collega con 3 bambini.
"La morte, dici?"
Sembrava una benedizione.
Almeno avrei potuto riposare.
Stare sveglio fino alle 2, 3 del mattino non era idoneo per reggere
dalle 9 fino alle 17.
Questo è il problema con l'ambizione:
l'anima testarda non può essere placata dal fallimento.

Il successo non ti ucciderà
l'ambizione di arrivarci lo farà.

Quindi, avanti con il lavoro.
Avanti con la lunghe notti a scrivere.
Avanti con gli errori che non ho ancora fatto.
Perché la lucentezza brilla su coloro che sono pronti.
Gli altri rimangono nell'ombra,
e mi rifiuto di essere gettato nelle tenebre dell'inferno.

*Non posso fare a meno di essere innamorato
di ogni aspetto disgustoso
di New York.*

La rabbia aumenterà

So che è lì.
Mi piace pensare che se ne vada.
Mi piace quando subentra il bollore
e si deposita per calmare l'acqua.

Ma la marea è elegantemente in attesa.
Il caos è vicino.

Tranquillo ora, sono in completo controllo,
ma non posso controllare la marea.
Fa tic-tac come una bestia in attesa della sua preda.
In attesa di esplodere.

Arriva quando sono più vulnerabile.
Sono debole e lo so.

La marea si alza.
Mi schianto contro me stesso.
Tutti gli altri intorno a me guardano con delusione.
Non si ferma.

Non può essere fermata.
Tutto di me è sbagliato.
Ma la mia forza non è mai stata più viva,

come un pugile. Aspetta il momento giusto.
La sua scusa è quella di polverizzare
l'avversario...
la sua rabbia...
la sua paura...
le sue impossibilità...

I potenti prevalgono su ciò che possono controllare.
Io sono di nuovo fuori controllo.

Lo odio, ma deve uscire.
Sì, sì, deve.
In caso contrario, la tempesta sarà più grande la prossima volta.

Se sei distratto,
allora sei come tutti gli altri

Forse cerchiamo una distrazione.
Ci dà un motivo per far deragliare le nostre reali intenzioni.
Ci permette di sfuggire
dallo scoprire chi siamo veramente.
In questi momenti,
è senza sforzo.
Non devi affrontare niente.
Ti impedisce di affrontare le tue paure.
E non ti potrai mai sentire più perso a meno che non lo fermi.
Ma anche quando ti comporti come se fosse rimasto tempo,
e come se tu ci arriverai "quando sei pronto",
ti perderai qualcosa.
Non conoscerai mai veramente le tue capacità
perché sei troppo distratto per scoprire altro.

Lei, ricorrente

È piuttosto disgustoso.
È piuttosto bello.
È piuttosto orribile.

In ogni modo,
è piuttosto perfetto.

Ma al diavolo.
Al diavolo tutto.
Non mi frega più niente.
A meno che non abbia qualche inspiegabile ragione per non
sentire.

E fanculo.
Quando lei è in giro,
quando non è in giro,
io sento.

Mi ricordo di lei.
Mi manca tutto.
Anche le parti cattive.
E così,
scrivo per ricordarla.

Tendenze irrequiete si trasformano
in melodie spericolate.

Agire nella realtà

Sta accadendo di nuovo
e non riesco a credere che io lo stia permettendo.
Ogni creazione
Ogni parte di me
Tutto viene portato via
e io lo permetto.
Il maledetto capo lo ruba con un sorriso.
La busta paga è costante però.
Non è sempre una questione di soldi?
Mi sento come se fossi stato comprato.
Sono sicuro che tu provi lo stesso.
È malato, sì, quasi malato terminale,
una morte proverbiale.
Le nostre anime diluite, ridicolizzate e messe in discussione.
Il lavoro è un purgatorio personale
che ingabbia la nostra crescente delusione.
È difficile allentare il controllo, ma ce lo consentiamo.
Sgualcito dalla consapevolezza di fare qualcosa
sotto il nostro potenziale.
Ma noi timbriamo il cartellino.
Le fatture sono pagate,
e dopo che stacchiamo da lavoro,
mentre siamo sulla strada di casa,
ci chiediamo,
"Come possiamo diventare di nuovo interi?"
"Come possiamo essere parte di qualcosa
in cui non crediamo più?"
Ma noi agiamo, il nostro cubicolo fa da palco principale,
una piccola area designata
per i nostri miseri pensieri.
Noi lavoriamo per gli individui che non potrebbero mai
comprendere la bellezza
che c'è veramente dentro di te, me e tutti gli altri.
Lentamente, come ciottoli sulla spiaggia avviene il decadimento.
Il sale e la marea cancellano
la nostra integrità sempre più assottigliata
fino a che diventiamo troppo fragili,
e ci trasformiamo in sabbia
distesi sulla costa infinita della spiaggia.

Ghigno

Viaggiando verso casa da lavoro,
afferrai la ringhiera del treno N e la guardai.
Lei si stava mordicchiando il labbro inferiore.
Un volto sconcertante,
ogni fessura come una rete di radici.
Le sue rughe scavate in profondità nel terreno.

Probabilmente stava pensando la stessa cosa che stavo pensando
io:
un'altra giornata dedicata a degli idioti.
Non ero per niente felice,
i miei talenti sprecati con falsità,
digitando sulla tastiera
alla mia scrivania accanto al tecnico,
il radiatore suonava come le campane di domenica,
i miei lobi temporali tremavano,
diradando la mia resistenza.
Dovrei sembrare così delirante.

Un altro giorno,
e sono ammassato in treno,
una sfilza di facce vuote
tutti avendo a che fare con lo stesso maledetto complesso.

La donna mi guardò rapidamente.
Rilasciò le sue labbra.
Forse era una reciproca comprensione.
O forse potrebbe dirmi in faccia
che ne avevo bisogno.
Lei sorrise:
un sorriso brusco, ma comunque calmante.

Mi ricordò che ci siamo dentro tutti,
in questa vita di merda del lavoro:

insieme,
anche se siamo infelici da morire.
Così le ho restituito il sorriso.
Era bello farlo.
Dovrei sorridere più spesso.
Tutti noi dovremmo.

Il rifiuto alimenta la forza di dimostrare
al mondo che si sbaglia.

Bevendo il destino

Il destino

      è

         un

            drink

              che

                 non

              finisce

           fino

        al

      mattino

successivo.

Ci vorrà del tempo,
ci vorrà più tempo di quanto pensi,
ci vorrà più tempo di quanto credevi,
ti porterà a un punto in cui vorrai mollare,
ma se la tua resistenza sarà in grado di dominare gli ostacoli
saprai esattamente quanto tempo ti ci è voluto per arrivarci.

Il rumore della città

C'è rumore.
Sempre.
Anche nei tranquilli momenti di solitudine.

Il radiatore che ronza.
Le gocce d'acqua da un rubinetto.
I colpi del coperchio di un cassonetto.

La mente.
I pensieri di domani.
I pensieri di ieri.
I pensieri dei giorni a venire.
E quel che è peggio... i rumori inaspettati.

Colto di sorpresa.
Cercando di calmare tutto.
Alla ricerca di un senso di controllo.
Incapace.

Dovrai farci l'abitudine.
Ti consiglio di farlo.
Perché sarà sempre più forte.
Più forte... PIÚ FORTE.

Il rumore persiste come l'aria che respiri.
È nei momenti in cui trattieni il fiato,
che puoi ascoltare il silenzio.

Il movimento dei tasti

Il mio processo creativo?
Tendo ad aspettare.
Comincio a scrivere delle parole.
Parole che mi auguro possano decollare.
Potente - triste - amare - desiderare - volere - perseguitare -
combattere - realizzare - calmare.
A volte mi basta scrivere la parola, "parola".
Mi ricorda che il mio obiettivo è quello di scrivere parole.
Potrebbe essere di notte.
Potrebbe essere ad una festa.
Potrebbe essere durante il sesso.
Potrebbe essere mentre faccio la cacca.
Potrebbe essere mentre mi passa accanto un ragazzo
con uno zaino blu e
sono invidioso perché
ha tutto nelle sue mani per guardare avanti.
Potrebbe essere il dentifricio incrostato sul labbro di un tizio.
Potrebbe essere il sorriso che mio nonno era solito condividere.
Potrebbe essere il bordo di un cassonetto.
Potrebbe essere il profumo del cibo indiano.
Potrebbe essere perché non ho altra scelta.
Potrebbe essere perché sento di doverlo fare.
Potrebbe essere una qualsiasi di queste cose.
E per gli scrittori, è esattamente come dovrebbe essere.

Quando piove, il fumo sale

La sua giacca marrone galleggiava davanti a me.
La luce nell'angolo della 60esima e Madison
dava al tessuto il suo ultimo respiro di colore.

Lei scomparve dietro il tubo a strisce arancio e bianco.
Dalla sigaretta gigante,
la strada sputava fumo.

Sempre più in alto saliva.
L'intero cielo era annebbiato.

Perle raccolte sulla mia spalla.
Raffreddate le calde strade.
La corsa della giornata si placò.

Mi diressi verso la metropolitana.
Non avevo mai visto un cielo così viola.

Ero pronto a tornare a casa.
Così come lo era New York.

Non importa quanto vuoi amare qualcuno,
non puoi se loro non te lo permettono.

La musichetta del camion dei gelati

Mi svegliai e i bambini stavano giocando sulla mia strada.
La sveglia suonò sotto forma
di un camion di gelati.
"Merda!" pensai quando guardai il mio orologio.
09:44.
"Accidenti! Farò tardi... di nuovo."
La notte prima, ero andato a letto per fare un pisolino.
Questi pisolini erano sempre destinati a durare un'ora.
A volte lo erano, a volte non lo erano.
A volte duravano fino al mattino.
Non era raro per me dormire
più di 12 ore:
dalle 19 alle 7.
I grandi residui di muco negli occhi,
colpa delle lenti a contatto,
mi dicevano che avevo dormito troppo a lungo.

Così, come il gelataio iniziava a servire vortici di vaniglia e
cioccolato
tutto quello che potevo chiedermi era: "Perché è così buio fuori?"
Immaginai che stava arrivando una tempesta.
Sembrava che piovesse ogni ora quell'estate,
e i bambini erano fuori.
Afferrai il mio telefono.
Dio, che cosa sono tutti questi messaggi.
Tutti devono essere annoiati al lavoro.
"Merda! Alza il culo, Joe!"
Balzai dal mio letto.
Freneticamente, mi fiondai nella doccia.
"Dovrei farmi la doccia? Dovrei prendere un taxi?"
Scenari di un viaggio nel tempo correvano per la testa.
"Se prendo un taxi adesso, ce la potrei fare per le 10:00"
Le 10:00 erano normali per me,
e in questa isteria era meglio arrivare a lavoro il più presto
possibile.
Mi ricordai che il mio capo era fuori in vacanza.
"Diamine, solo una doccia, un risciacquo rapido, dai, ed esci,
faccela entro le 10:30 e nessuno noterà la differenza".

Sì, fanculo, inventati una scusa se devi.
Diedi un ultimo sguardo fuori.
"C'è un'eclissi solare?"
C'era così dannatamente buio.
Aspetta.
Erano le 22:00.
Mi sono asciugato e rilassato.
Ho impostato la mia sveglia.
Dopo 10 minuti, non sentivo più nulla.
Tutti i bambini dovevano aver finito i loro gelati.

Mentre la memoria brucia

La candela brucia e la melodia continua.
Noi continuiamo a vivere in essa.
La miccia è andata.
Ci teniamo la cera.
Incrostata
sulla lanterna
sul vetro
sul tavolo
sulle nostre dita.
E ascoltiamo
mentre la nostalgia si ripete.
Cantiamo insieme.

Opportunisti incompetenti

Sapevano che avrei potuto farlo,
ma non avevo voglia di farlo per loro.
Non aveva importanza:
io avevo il succo.
Lo sapevano, e stavano aspettando di berlo.
Non l'avrebbero fatto subito.
Non hanno mai avuto il coraggio di fare dei sorsi.
Mai ne avrebbero assaggiato il sapore
e imparato da esso.
Non avrebbero mai cercato di andare avanti solo con lui.
Invece, aspettano il loro vantaggio più grande
fino a che la scadenza strisci pericolosamente vicina,
e anche se hanno il tempo,
fanno ogni sforzo per apparire occupati.
Troppo agitati
Troppo stupidi
Poi, proprio appena la fine si sarebbe avvicinata, avrebbero
tracannato il mio succo.
Avrebbero usato tutto,
tutto quello in cui mi ero praticato.
Un sorso veloce.
Andato
La parte peggiore?
Non mi è mai stato detto quanto fosse buono.
Era esattamente come avevano pianificato:
nulla è stato detto in seguito.
Se avessero detto qualcosa, allora sarebbero stati catturati,
così gli opportunisti non dissero nulla.

L'arte riguarda puramente l'intenzione.
Il suo mezzo
è solo un dettaglio tecnico.

Invidia

Dalla nascita ci viene detto che abbiamo qualcosa di speciale.
Ogni anno monta più riconoscimenti.
La nostra fiducia si basa sul sentirsi realizzati.
È tutta una questione di successo.

Troppo presto gli applausi diventano meno frequenti.
Per alcuni, c'è stato silenzio per lungo tempo.
Il primo posto non spettava a loro.
E la verità è che non si può sapere quando l'applauso finirà... o inizierà,
ma quando non ci sarà più, quando saremo abituati ad esso...
Faremo di tutto per averlo di nuovo.

Come gli anni passano potrebbe diventare insignificante.
Forse troverai il tuo posto nella vita.
Ma che dire di quelli che non si accontentano?
Che dire di coloro che hanno bisogno di essere ascoltati?
Che hanno bisogno di essere assistiti.
Che hanno bisogno di essere sostenuti.

Il maniaco dentro ognuno di noi è in attesa di ruggire,
e quelli di cui ti fidi diminuiranno la tua importanza.
Loro se lo prenderanno se invidiano il tuo applauso.
È una battaglia.

La concorrenza non ha mai riguardato la compassione.
È radicata in noi,
proprio come quando siamo nati.
Cerchiamo di tenercelo.
Ne vogliamo la maggior parte.
Alla fine ne possiamo diventare ossessionati.

Ma sembra tutto troppo futile quando ce lo rubano.
L'invidia è la radice di ogni male.
Non ha nulla a che fare con
i soldi
i vestiti

le case
le automobili
le cose.

È un'altra truffa, alla fine,
un trucco che sanguina con inferiorità,
un batosta contro se stessi.
Il miraggio sopravvivrà solo se lo sopporti.
Io non mi permetto più di farlo.
No, so di essere abbastanza bravo.
Gli applausi non sono così importanti
come lo erano una volta.

Ognuno è insieme quando è solo

Non ha molta importanza,
credo,
se sono da solo
o penso di esserlo.
A dire il vero preferisco essere lasciato solo,
ma ci sono momenti
dove valuto di stare in compagnia.
Eppure, anche quando qualcuno è lì,
io sono solo.
Loro sono soli,
ma ci sediamo lì,
parlando
bevendo.
Solo per il momento ci inganniamo,
ma anche quando ci svegliamo insieme,
scelgo di stare da solo.
La mia mente si confonde tra i pensieri
e le decisioni del giorno.
So che lei fa la stessa cosa.
Quindi ci sdraiamo lì fianco a fianco.
Tutto quello che devo fare è guardare oltre,
ma non lo faccio adesso.
Voglio solo stare da solo.

Scrivere quando pensi che non ti sia rimasto più nulla

Fatica.

È l'obiettivo a volte.

È lì.

È situata in un luogo
dove hai un po' di energia,

appena sufficiente così che le tue
idee migliori e più nude possano finalmente essere trovate.

Mentre cerchi di sfuggire alla vita
e a tutte le sue incertezze,
eccentricità
e periodi di insicurezza,
c'è la tua vita.
E la tua vita,
la mia vita,
la vita di ognuno è così bella.
Può essere così bella
anche se sembra così maledetta.
Non è perfetta,
è così meravigliosamente imperfetta,
ma se te ne prendi cura,
se credi nel domani,
può essere così bella.
Può essere così dannatamente bella.

La scultura non è altro che un parto dell'immaginazione di qualcuno

Dare se stessi a qualcuno
sembra essere il nostro argomento di discussione preferito.
Lo aneliamo.
Lo temiamo.
Lo vogliamo.

E forse non dovremmo farlo.
Cosa c'è di sbagliato con l'essere soli?
Da soli, dove si può pensare a se stessi,
in cui è possibile definire se stessi,
dove si può essere se stessi.

Io non sono pronto a essere una statua,
cesellato e progettato da qualcun altro,
fatto per sembrare perfetto,
fatto senza imperfezioni evidenti.

Mi domando sull'interno delle statue,
la loro crudezza.
Voglio rimuovere la lucentezza
e vedere davvero cosa c'è dentro.
Queste parti sono osservate raramente.

Molti temono ciò che troveranno,
che troppo verrà scoperto
sugli altri
su di te
su di me
Potremmo trovare qualcosa che ci fa allontanare.
Direi che è qui dove inizia tutta la follia.
Andarsene vorrebbe dire stare soli.
Forse è per questo che vogliamo arrenderci.
Ma perché compromettere il tuo valore?

Sto bene a stare da solo.
Sono disposto ad essere paziente.
Mi spaventa un po',
ma sto bene,
davvero,
e tu pure.

Bloccato... Di nuovo

Non riesco a sopportare l'idea di essere bloccato.
Bloccato in un contratto d'affitto.
Bloccato in un rapporto.
Bloccato in un posto di lavoro.
Bloccato a scrivere questa maledetta poesia.

Questo probabilmente spiega perché
non sono andato a scuola.
Questo probabilmente spiega perché
mi preoccupo per giorni, mesi, dopo un'avventura di una notte.
Questo probabilmente spiega perché
preferirei scrivere che stare in mezzo alla gente.
Preferirei che non importasse niente;
sarebbe più sicuro così.

Ma mi importa.
Mi importano tutti i modi in cui potrei essere bloccato.
E quindi io rimango bloccato.

Sono bloccato con le mie ansie.
Sono bloccato con i miei precedenti errori.
Sono bloccato con il permettere a me stesso di ridere del passato.
Sono bloccato con il tentativo di amare di nuovo.
Sono bloccato con il senso di colpa.
Sono bloccato con altro senso di colpa.
Sono bloccato con la scrittura.
Sono bloccato con l'essere paziente per una pubblicazione.
Sono bloccato con la paura che non accadrà.
Sono bloccato con la paura che accadrà.
Sono bloccato con l'avere a che fare con la mia mente.
Sono bloccato con i demoni che prevalgono di volta in volta.
Sono bloccato con il ricordare a me stesso di respirare.
Sono bloccato con l'essere bloccato.

Per quanto qualcuno voglia
controllare il proprio destino, è inutile.

Siamo bloccati con l'inevitabile
virtù di ciò che la vita ci consegna.
Ci saranno giorni di fortuna.
Ci saranno giorni di disgrazia.
Ci sarà tutto il resto in mezzo.
Sarai bloccato.
Sarò bloccato.

Essere bloccato non ha nulla a che fare con le scelte di vita.
La vita è un circolo vizioso di scelte con le quali sei bloccato.

E così come adesso,
così in futuro,
quando arriverà il nostro tempo,
continueremo a sentirci bloccati.

Il ringhio dell'uomo

Io ringhio perché ho paura.
Mi batto perché una piccola parte di me spera che perdo.
Sarebbe più facile allora, perché almeno
io non dovrei sapere che cosa viene dopo il successo.
Se perdo, sarà finita,
e
non voglio avere il rimorso di non averci provato,
ma poi mi ricordo che io sono un orso.
Non sono in sintonia con le tendenze diffidenti.
No, non è così facile.
Sono impetuoso e i miei desideri dilagano.
Non posso fare a meno di vivere su un'ambizione.
Sono motivato dalle piccole perdite di speranza.
Vedo ogni avversario come un'opportunità per combattere di
nuovo.
E questa volta,
sono pronto a vincere.

Se la fiamma
o la propria ombra,
alla infine,
ognuno incontra le ceneri.

Tempo sprecato

Fai qualcosa di grande con il tuo tempo.
Non sederti a giocare col telefono
o a guardare l'inutile televisione.
Crea un'idea.
Leggi.
Sì, leggi qualsiasi cosa.
Prendi il dizionario e leggi.
Leggi i nomi delle strade.
Vedo la gente toccare gli schermi dei loro cellulari.
Scorrono il dito con lo stesso movimento
dello sfogliare le pagine di un libro.
Sono pupazzi, assecondati
dagli innovatori di distrazioni,
sprecati.
Quanto si potrebbe fare
se solo una piccola percentuale del tempo fosse utilizzato meglio.
Cosa spinge questi figli di puttana?
Veramente?
Candy Crush?
Anche lamentarsi riempie il vuoto.
Risentimento
Isolamento
Vanità
Momenti periodici di ispirazione
subito soggiogati dalla paura
che non valgano la pena del mio tempo
o che sono troppo difficili.
"Non riuscirò mai a farlo!"
Che cosa mai è accaduto alla fede?
Che cosa mai è accaduto al correre il rischio?
Io viaggio con i deliranti,
Ossessionati
Impazziti dalla mancanza di sostanza.
Quelli che provano qualcosa, cazzo!
Quelli a cui frega qualcosa.
Quelli che utilizzano il loro tempo in modo produttivo.
Quelli che non hanno bisogno di leggere questa poesia.
Non lo so davvero.

Forse anche questa è stata una perdita di tempo?
Sai cosa...
Ho di meglio da fare.

Bellezza normale

La bellezza che cerchi è
Nelle strade in cui cammini.
Nei sorrisi che condividi.
Nei sorrisi che non ti aspetti.
Nell'isolamento dei pensieri.
Nelle lacrime che hai versato.
Nelle parole che leggi.
Nei momenti che odi.
Nei momenti che ami.
Nel disgusto di cui preferiresti liberarti.
Nell'auto che hai tamponato mentre attraversavi la strada.
Nel suono del nulla.
Nella lettera necessaria per alleviare la giornata.
Nel cambiamento che stavi aspettando.
Nei giorni che non dovrebbe finire.
Nei giorni che dovrebbero.
Nella rarità di sperimentare lo straordinario.
Nella schiacciante abbondanza dell'essere normale.

Perché essere normale
è bello.

Lasciate che la mia mente parli

Scrivere non è quando il pensiero e la memoria si scontrano.
Se fosse facile,
tutti sarebbero in giro
con una penna e un taccuino.

Alla maggior parte delle persone non interessa.
Preferiscono non assumersi l'onere.
Non hanno il coraggio di dare un'occhiata nella loro anima.
Loro sono compiacenti.
Li invidio.

La mia mente è troppo dannatamente testarda.
Corre perché gliel'ho permesso.
E tra il
bere
scopare
e sprecare i miei pensieri su altre fughe banali...
Io scrivo

Noi ci parliamo l'un l'altro
e come tutti gli altri
vogliamo che la nostra voce venga sentita.
Divento così dannatamente depresso
quando non riesco a prendere un momento con la mia mente.

Ma a volte taccio.
Altre volte la mia mente tace.
E quando uno di noi ascolta,
le mie mani registrano.

La mia mente sta parlando in questo momento.
Quindi non chiamatemi.
Sto prendendo qualche appunto.
Non voglio farmi sfuggire quello che la mia mente sta dicendo.

Mi sento libero alle 2 del mattino,
quando il taxi guida su
Queensboro Bridge.
Mi sporgo fuori dalla finestra e urlo,
urlo così forte.
Io non ho paura,
ho solo bisogno di questo.
È l'unica possibilità che avrò
fino al prossimo sabato.

Detto abbastanza
Non pensare,
senti e basta.

Togliere la sicura

Lei pensava che avrei avuto il sopravvento,
ma l'ha avuto lei.
Non potrei stare con qualcuno così incredibile come lei.
Sarebbe troppo pericoloso per me.
Tutto quello che posso ricordare è la lunghezza delle sue gambe.
Penso ancora a quelle gambe.
La mia mano dentro di loro.
Quando afferrò la mia spalla destra ermeticamente,
avvertendomi che era troppo,
temevo che le avessi fatto del male.
Ma non l'avevo fatto.
Lei voleva.
Mi piaceva darmi a lei.
Ogni spinta sembrava migliore di quella precedente.
Respirava così elegantemente.
I suoi polmoni erano così pieni.
Lei era viva e mi sentivo come se la stessi salvando.
Non potevo prendere questa responsabilità.
Troppa pressione per un uomo.
Sì, possiamo comportarci come se non ci interessasse,
o come se fossimo solo un pezzo,
ma quando sappiamo che è quella giusta,
corriamo,
vogliamo uscire.
L'anima è una bomba a mano in azione.
Fino a quando lasciamo che i nostri partner tengano la sicura,
sappiamo che il pericolo è incombente.
Quindi, prima che qualcuno ci sfidi,
lasciamo tutto,
agendo ignari del momento di serenità,
andandocene
a vagare nella città come delle iene.
Urlando, divertendoci.
Le donne non lo capiscono.
Noi non abbiamo il potere.
Ce l'hanno loro.
Dobbiamo solo ammetterlo.
Una volta che lo sappiamo.
Loro non toglieranno la sicura.

Raggiungere

Così in basso
e
giù nella sporcizia
che anche la vista di una scala farebbe piangere
perché il buco
è troppo profondo.
È impossibile uscirne.
Tempo
Pazienza
Una forza interiore che viene dal voler mollare.
Mi relaziono con chi si sente in questo modo.
Dubito che chiedere la carità
aumenti la fiducia di qualcuno.
Ma chi può dirlo?
La degradazione può portarti così in basso.
Può strapparti gli ultimi bocconi di autostima.
Ma aspetta.
Resisti.
Non ti sentirai di nuovo così.
Soprattutto se non lasci che gli altri arrivino da te.
La forza viene da coloro che rifiutano di rinunciare,
e il valore arriva
per coloro che credono
in un giorno migliore
in giorno più chiaro
in un giorno in cui la pioggia lava via tutto,
quando saltare è l'unica cosa che le tue gambe fanno,
quando arrivi così in alto,
più alto di un luogo che credevi possibile
più alto di un luogo di cui conoscevi l'esistenza.
È lì,
ti sta aspettando.

Affrontiamo il mazzo distribuito
bluffando fino a quando non andiamo in pareggio.

Voglia ambivalente e poi... Nulla

Pensavo che fosse finita,
ma è successo.
È stato strano viverlo di nuovo.
Mi svegliai
con le braccia
messe dove avrebbero dovuto.

Me ne andai chiedendomi:
Stavo sperando in qualcosa di più?
Ma non c'era niente.
Era proprio come prima.
Fa davvero schifo quando accade.
Non c'è niente che tu possa fare.
Uno stato vulnerabile di aspettativa.
Le domande si immischiano nella mente.
Pensieri che avevo dissipato si ripresentano.
I sentimenti diventano volubili mettendo in discussione il
romanticismo.
Questo sembra essere l'andamento generale delle cose.
Potrebbe andare in qualsiasi direzione.
Vi è una piccola apertura.
Ho paura a proseguire.
Potrebbe sembrare quella giusta, ma il mio passato mi ostacola.
E mi impedisce di andare avanti.

Quando era il momento di partire, non abbiamo detto nulla.
Proprio come l'ultima volta.
Non era nulla.
Sarebbe stato nulla.
Sarà nulla.
Beh, non lo sarà...fino a quando io non gli do un'altra possibilità.

Il confine di Hartford

Il bus si ferma, va, si ferma, aspetta.
Il cielo diventa blu, grigio e nero.
Ognuno sta cercando di andare da qualche parte.
Una famiglia
Una fidanzata
Un nuovo lavoro
Alcuni stanno solo cercando di andare,
senza alcuna destinazione.
Nomadi
in un altro viaggio,
un altro luogo,
ovunque tranne che qui.

Passeggini

La parte peggiore di essere un padre a New York?
Quella di portare un passeggino su per le scale della
metropolitana.
Quando immagino di essere un padre,
questo è quello che penso per prima,
dover portarmelo in giro e attraverso i tornelli
mentre i passeggeri ti guardano pensando,
"Andiamo, ragazzo, prendi un taxi!"
"Cosa stai cercando di dimostrare?"
"Che cosa? Pensi di essere un buon padre o qualcosa del genere?"
"Sì, davvero?"
Non lo so.
Sembra solo che stiano portando un passeggino.
Credo che dovrei lasciarli in pace,
Perché questo è quello che si dovrebbe fare.

*Le parole che scriviamo
tendono ad essere migliori
di quelle che diciamo.*

La maggior parte dei passi saranno sbilanciati

La strada può apparire scivolosa anche quando è asciutta.
A volte le direzioni non sono così chiare
come vorremmo che fossero.
Ma
continuiamo a camminare.
Sì, beh, dovremmo continuare a camminare,
non importa quante volte cadiamo.
Oltre a tutti gli errori, disavventure e disgrazie,
preferiamo, no, dobbiamo, continuare a muoverci.

Una volta che troviamo il successo,
non pensiamo di scivolare,
ma lo faremo:
dietro ogni angolo del successo
c'è una strada che attende.
È piena di angoscia e disperazione.

Non c'è da stupirsi.
Ho visto troppi uomini aspettare che la strada si liberasse.
Vedendo davanti a sé una scivolosa strada fabbricata,
aspettano fino a che non si liberi.
Una mente prudente è folle.

È un giorno triste quando qualcuno si ferma.
Alla fine desidererà come la morte poter continuare a muoversi.
È un vero peccato.
Può biasimare solo se stesso,
ma lui darà per sempre la colpa alle strade.

Ragazza australiana e Frank

La ragazza australiana adulò Frank.
I suoi sguardi erano abbastanza per lei.
Mi ricordo quando i miei sguardi erano abbastanza.
I capelli stanno svanendo,
la pancia è un po' più rotonda.
Lavorare fuori non è più un hobby.
È diventata una necessità,
un modo per salvare le apparenze.
Altrimenti si assottiglieranno rapidamente,
come lo fanno da quando avevo 28 anni.
Forse è solo un momento di animosità.
Succede.
Ma domani andrò in palestra.
Oppure, fanculo:
Forse mi limiterò a scrivere.
Frank non lo fa affatto.

Rimettere insieme

Decretato dalla solitudine,
si tratta di trovare il modo di non essere soli.
Ci sforziamo di stare in una comunità.
L'amore stesso è utilizzato come sicurezza,
un modo per confermare che non siamo soli.
Ma siamo soli, anche quando siamo circondati.
È qualcosa che non possiamo cambiare,
proprio come i sassi in un torrente
o un i filamenti di erba in un campo.
Ogni componente è solo.
Splendidamente segmentato.
Non dovremmo cercare di essere altro
che
noi stessi.

Solo i selvatici
sono abbastanza audaci
da affrontare
l'immensità del tutto.

Un flusso di coscienza a volte dovrebbe essere asciutto

Il risveglio di questa mattina è stato uno dei più puri.
Non ci sarebbe dovuta essere nient'altro che gloria oggi.
Ieri sera è stata perfetta, lei era perfetta.
Perfetta.

Sono stato adulato.
Sono stato adulato come al solito.
E lei sentì quando
tamburellai sul bancone del bar.
Ho avuto una svolta.
Ero ansioso.
Non perché volevo essere in ansia,
ma perché ha capito quanto fossi
in ansia, per il mio lavoro... per lei.

Tap
Tap
Tap
I borbottii si trasformarono in parole senza senso.
I miei difetti e le visioni del futuro
mescolati con le aspettative di lei,
di tutto ciò che sarebbe stato grandioso,
ma non sapevo come gestire la cosa.

Ce ne siamo andati in un buon posto.
Ce ne siamo andati insieme.
Ce ne siamo andati in un buon posto.
"Noi."
È bello dirlo.
Sembra sempre più difficile dirlo.
Stare insieme non accade abbastanza.
Quando succede può essere difficile da gestire.

Avrei voluto aver messo in bottiglia
una capsula del tempo della purezza,
una deviazione dal mix di insicurezze.
Questo è quello che pensavo allora.
Questo è quello che cercavo.
Questo è quello che tutti cerchiamo.

Ma tornata al suo posto,
il tremolio era lì,
la confusione era snervante.
Tutto aveva a che fare con tutto e niente.
Era tutto nella mia testa.

Non volevo averci a che fare.
Volevo scappare.
Non volevo essere lì.
Non volevo rovinare tutto.
Non volevo.
No, spero che lei sappia, che non ho mai voluto rovinare questo.

Questo è qualcosa che solo i sognatori possono sperimentare.
Destinati alla bellezza della pace,
la mente può finalmente dormire
senza la pressione del mondo,
delle esperienze passate,
delle influenze,
di tutto in sé.

Il fuoco dell'insicurezza è una bestia mortale.
Può bruciare.
Può rovinare la bellezza della vita.
Può essere frainteso.
Può farlo.
Può farlo davvero.

La mattina successiva era chiaramente evidente.
Ci sono stati contrattempi.
Ho avuto rimpianti.
E la cosa triste è che non avrebbero dovuto esserci.
Il maledetto drink.
Abbiamo avuto fretta ed è stata fonte di confusione.

Avevo rovinato la bellezza in ogni cosa.
La macchia lasciò qualcosa di più memorabile.
Ciò che non si sarebbe dovuto dimenticare
fu la prima cosa ad uscire.

Questa è la tristezza della maggior parte delle cose.
Questo è il problema con tutto.
Dipende tutto dalle cose
che non devono essere ricordate.
I momenti in cui perdiamo le nostre inibizioni.
I momenti in cui non dovremmo rimuginare
sugli incidenti delle nostre azioni.
Ma questi sono i momenti che ricordiamo più.
Non perché vogliamo,
ma perché ci riguardano di più.

Così rimuginiamo.
Ci chiediamo.
Ci dispiace.
Speriamo.
Ci auguriamo.
Vogliamo.
Desideriamo.
Noi... beh, ci sediamo.
Ci sediamo e pensiamo.

E mi chiedo se le cose possano cambiare.
Se la speranza è qualcosa più cerebrale di una fantasia.
Forse le cose possono tornare alla luce,
dove possiamo credere che la verità
davvero ci renderà liberi.

Che le inibizioni dei difetti ci facciano andare avanti.
La gente ci guarderà per quello che siamo,
e non per gli errori che abbiamo fatto.
Ci vedranno in un momento puro, e non influenzato dalle cose
che possiamo aver fatto o detto.

Conoscere qualcuno è la sfida più grande.
È qualcosa per cui ci sforziamo,
ma ci vuole tempo per rendercene finalmente conto.
È così, non è vero?

E va bene così,
perché non siamo semplici.
Noi siamo complessi.
Tutto è troncato dall'esistenza
di qualcosa che lo precede.
Il passato è una bestia che ci morde nei momenti di speranza.
È il tempo che limita le nostra capacità
e arresta i nostri progressi.
È faticoso, lo è, in ogni parte.

Ma vorrei poter stare con lei.
L'interazione,
il momento di conforto,
era tutto lì,
ma questo non può essere visto:
era offuscato.
Forse non sarà mai chiaro.

Conosco l'aspetto di qualcosa tanto reale quanto un tiepido
cerbiatto desideroso dell'aspettativa che qualcosa rimanga.
Anche se lei è spaventata a morte.
Anche se lei non vuole
credere che sia possibile.
Anche se il danno precedente è lì.
Anche se...

Suppongo che sia alla base di tutto questo
Il 'caso'
L'eventualità
La possibilità
Ed è qui che so che c'è una possibilità.

Se ci credo,
se lo voglio davvero
posso farlo accadere.
Non importa nient'altro.

Tutto deriva dall'aumento della combustione
del carbone che svolazza all'interno.
È lì,
è sempre lì,
e brillerà,
si infiammerà,
spetta a noi lasciarlo fare.
Anche quando il freddo sembra avere la meglio,
noi dobbiamo credere nella fiamma.

Lo guardo.
Spero che lei lo faccia pure
Lo spero...
Ma anche se non lo fa,
mi ritengo fortunato sapendo che potrebbe accendersi.
C'è stato freddo nel mio ventre.
Vorrei che il fuoco potesse divampare di nuovo.
Forse se lei può vederlo dal mio punto di vista,
si infiammerà di nuovo.

La speranza è tutto quello che abbiamo.
È un biglietto di carnevale, amico.
È generalmente un cattivo affare,
ma ogni tanto,
quando meno te lo aspetti,
diventa la migliore esperienza della tua vita.

Questi sono i momenti che mi ricordo.
I momenti di speranza.
I momenti di sottile paura infusi con la purezza.
Questo è quello a cui penso.
Io spero e basta.
Davvero.
Spero che possa farlo pure lei un giorno.

Ne ha tutte le capacità.
Io ho tutte le occasioni per rovinare tutto.
Mi rifiuto di farlo questa volta.
Davvero.
No, questa volta ho intenzione di provare.
Questa volta lascio che si infiammi.
Questa volta ci credo.
Questa volta.
Con lei.
Suo.
Solo
suo.

La lotta non è reale

Ognuno vuole commiserarsi.
Ognuno ha bisogno di avere una storia.
Qualcosa per convalidare il valore della loro vita.
Senza di essa, il loro successo non sembra meritato.
È solo un'aspettativa,
e non quello per cui hanno lavorato.

Pause Caffè

Preferisco essere delirante che disdegnato.
Tutto è temporaneo
anche questo caffè finirà presto
il panino della metropolitana
le magliette "I Love NY"...
Confezionati dalla distrazione
creando delle applicazioni per distrarci.
Il progresso è bloccato dall'incapacità
che ci fa distrarre.
Fissando estranei.
Facendo una supposizione.
Volendo vedere di più in loro che in noi.
Supponendo che hanno più cose loro in ballo.
Spaventati dal fatto che non stiamo vivendo secondo il nostro
potenziale.
Faccio un sorso.
Aggiungo un po' più di zucchero.
Torno alla realtà, come tutti gli altri.

Non importa se vinci o se perdi,
una parte di te è cancellata.

Una bella crostata

Un vincitore dei look,
una forte mascella con addominali scolpiti.
Una vittima della vanità.
Paffuto, senza mento e con un cerchio intorno al centro.
Non c'è niente di peggio che essere belli,
qualsiasi cosa significhi davvero.
Le persone vi fanno affidamento.
Alcuni lo implorano.
È una visione disperata e triste,

una stampella che si sgretola nel tempo,
una negazione che
si ingrandisce fino alla tomba.
Noi cerchiamo con fervore modi per perseguire
la vanità del passato.
Siamo bloccati in una lotta duratura
per rinnovare il fascino che significa...
Niente.

Una vita basata sulla soggettività.
Un'opinione sulle apparenze.
Un compromesso.
Un malinteso.
Un difetto.

Siamo impressionati per coloro che si sentono inferiori
rispetto ai volti più orribili là fuori.
Siamo circondati
dalla distrazione,
da menti misere
e anime vuote.
Anime perse.
Che vogliono anime.
Che vogliono qualcosa, desiderosi di qualsiasi cosa.
Sperando di avere qualcosa da offrire
oltre a un bel viso,
pulito, puro e senza cicatrici.
Solo il vuoto

basato su una storia insipida.
Una base di una torta che ha bisogno di farcitura.
Senza sapore, ne necessita solo un po' di più.

Io indosso la vergogna

In qualche modo ce la caviamo.
Abbiamo tutti a che fare con essa,
una sensazione persistente di delusione
come un crostaceo su uno scoglio.
Ce ne dimentichiamo.
La nostra facciata è cambiata,
la vergogna taciuta del passato,
il rammarico,
l'ammirazione per chi
ci è passato.

Potrebbe accadere di nuovo.

Potresti dover vedere i volti del dubbio.
Potresti dover affrontare i tuoi al mattino.
Questa è la parte peggiore di ciò,
chiedersi.
Tutti noi indossiamo la vergogna del passato.
Come pensi di mascherarla?

Libertà

La volpe rossa corre

C'è una volpe rossa che mi segue.
Nessuno può vederla.
Non parlo molto della volpe.
Avevo il sospetto che se l'avessi fatto, la gente mi avrebbe
chiamato selvaggio.
Ma la volpe rossa mi guarda.
Anche nelle giornate più nevose.
Posso vedere la sua pelliccia rossa attraverso
i precipitanti fiocchi di gloria.

Non ci guardiamo mai negli occhi.

Mi ringhia di tanto in tanto,
specialmente quando sente la mia vulnerabilità.
Probabilmente pensa che me ne andrò.
Probabilmente pensa che mi dimenticherò di lei.
Ma non mi permetterò mai di scendere così in basso.
No, se lo facessi,
la volpe rossa potrebbe andarsene.
Non posso lasciare che questo accada:
ha bisogno di sorvegliarmi.

Qualche volta cerco di ottenere il meglio da lei,
ma appena la sua coda sbatte velocemente al tocco più leggero,
lei scappa.
Lo fa apposta.
Mi permette solo una stretta temporanea,
uno scorcio di breve durata della purezza perfetta.

Vedo me stesso appena la volpe rossa corre.
Mi fa continuare a cacciare.
So che un giorno la prenderò.

L'amore è un bellissimo errore.

Foto: Ryan Marcus

L'Autore

Joseph Adam Lee scrive come un uomo con le spalle
al muro. Franco-americano della città operaia di
Lewiston, nel Maine, porta le cicatrici della classe
lavoratrice in ogni riga. Ora, scatenato a New
York City, beve, scrive, sanguina — perché nessun
guardiano delle porte gli ha mai concesso
il permesso.

Informazioni di Contatto

Email: joe@therebelwithin.com
Sito web: www.josephadamlee.com
Instagram: @joseph.adam.lee

Lettere e Pacchi

Red Fox Runs Press
C/O Joseph Adam Lee
909 3rd Avenue
#127
New York, New York 10150
United States of America